Hans Tschäni

Gegensteuer

*Wider die Arroganz der Mächtigen
Zeugnisse aus
der Arbeit eines Journalisten*

*Herausgegeben zum 70. Geburtstag von Hans Tschäni
von Richard Aschinger, Roger Blum, Max Frenkel, Franz Lamprecht,
Hanspeter und Rudolf Tschäni*

Das Verlagshonorar für dieses Buch wird überwiesen an die Stiftung
«Schweizerische Schule für Blindenführhunde» in Allschwil und an die
«Schweizerische Bibliothek für Blinde und Sehbehinderte» in Zürich.

Mit 5 Zeichnungen und Aquarellen von Hans Tschäni

© Orell Füssli Verlag Zürich und Wiesbaden 1987
Die Texte sind mit wenigen, speziell vermerkten Ausnahmen
im Tages-Anzeiger Zürich oder im Tages-Anzeiger-Magazin erschienen,
wo auch die Rechte liegen.
Vorwort und Einleitungen wurden von den Herausgebern verfaßt.
Umschlagillustration: Nico «Bridge Intschäniiring»
Foto von Beat Marti
Satz: B & K Offsetdruck GmbH, Ottersweier
Druck und Einband: Wiener Verlag, Himberg
Printed in Austria
ISBN 3 280 01733 5

Inhalt

Vorwort der Herausgeber

Hans Tschäni ist vielen Schweizerinnen und Schweizern ein Begriff. Er hat Bücher geschrieben. Und er hat sich während vier Jahrzehnten journalistisch geäußert. Doch das allein erklärt seine Popularität noch nicht. Sie gründet nicht nur in seiner Schreibleistung, sondern im Geist, der dahintersteckt, im Ethos, das aus seinen Texten herauszuspüren ist, in der Betroffenheit und Beharrlichkeit, die seine Publizität auszeichnen.

Er ist einer, der die Schweiz verbessern will, weil er sie liebt. Der nicht aufgibt – allen Widerwärtigkeiten und Resignationsanwandlungen zum Trotz. Der unbeirrbar und unabhängig bleibt, keiner Partei und keiner Lobby verpflichtet. Hans Tschäni ist ein Idealist, der die Realitäten kennt, ein Kämpfer, der den Speer weit wirft, obwohl er weiß, daß er höchstens ein paar Zentimeter Terrain gewinnen kann.

Er hat den Kampf für seine Ideale seit jeher mit der Feder geführt. Seine Texte waren für den Tag geschrieben, aber sie enthielten meist Gültiges über den Tag hinaus. Solche Texte aus seiner reichen journalistischen Arbeit, von denen die meisten noch nie in Buchform veröffentlicht worden sind, haben wir aus Anlaß seines 70. Geburtstages für diese Sammlung ausgewählt. Es sind zudem Texte, die etwas mit seinem Lebensweg zu tun haben. Damit Hans Tschänis Persönlichkeit und sein politisches Denken vor dem Hintergrund dieses Lebensweges etwas plastischer werden, stellen wir an die Spitze der Textauswahl ein ausführliches Interview.

Ich bin vielleicht ein Sonderfall

Du stammst aus einfachen Verhältnissen, aus Dittingen im Laufental. Ihr wart eine neunköpfige Familie, der Vater arbeitete als Steinhauer und Kleinbauer. Von welchem Beruf träumtest Du, als Du ein Knabe warst?

Ich hatte technische Berufsträume. Aber die Realitäten im Laufental waren nicht so vielfältig wie die Träume. Der Pfarrer meinte, ich müßte in ein katholisches Internat. Aber mein sehr liberal denkender Vater sagte: Kommt nicht in Frage. Ich bin ihm heute noch dankbar. Doch eine Lehrstelle zu finden war nicht leicht. Ich konnte dann in eine kleine Basler Druckerei eintreten. Da der Besitzer aber nur einen Lehrling haben durfte und der vorherige seine Lehre noch nicht abgeschlossen hatte, mußte ich zunächst 1½ Jahre als Hilfsarbeiter in der Druckerei arbeiten, bevor die Lehre begann. Monatelang habe ich nichts anderes getan als Papierbogen gefalzt.

Wie war für Dich die Begegnung mit der Stadt Basel? Du hast ja selber einmal beschrieben, wie Dich

ein Polizist anhielt, als Du mit dem Velo verbotenerweise den Spalenberg hinunterfuhrst, und schließlich sagte: «Aha, vo Dittige kunsch. Denn kasch wyterfahre.» Wie hast Du als Landbub die Stadt erlebt?

Von meinem Vater habe ich einen starken Gerechtigkeitssinn geerbt. Und Stolz. Dittingen war zudem ein sehr katholisches Dorf. In der Stadt war ich plötzlich unter lauter Andersdenkenden, und sie ließen mich meine «Andersartigkeit» merken. Ich staune übrigens noch heute über die Zählebigkeit des Kulturkampfdenkens. Meine Reaktion darauf war, daß ich den Katholizismus und meinen ländlichen Dialekt erst recht verteidigte. Später habe ich dann Abstand von der strengen Religiosität genommen.

Du hast Setzer gelernt. Aber Du warst dann auch arbeitslos.

Ja, das war eine bittere Zeit, die schlimmste überhaupt. In der Lehrfirma gab es keine Stelle für mich. Aber nach dem Lehrabschluß wies der Besitzer auf einen Revers hin, den mein Vater beim Lehranfang hatte unterschreiben müssen. Nach diesem Papier sollte ich die Zeit der Rekrutenschule, während der ich natürlich gefehlt hatte, nach der Lehre nachholen. Ich empfand das, sozialpolitisch ohnehin sensibilisiert, als schreiendes Unrecht. Ich wollte unbedingt in Besitz dieses Revers gelangen. Da wurde ich das einzige Mal in meinem Leben kriminell: Zusammen mit einem Kollegen, der Schlosser gelernt hatte, öffnete ich im Betriebsbüro mit einem Passepartout den Schrank, stöberte in einem dicken Ordner den Revers auf, nahm ihn nach Hause und verbrannte ihn vor den Augen meiner Eltern. Der Kommentar meines Vaters war: «Hast recht gehabt, es war ungerecht.» Als ich am Ende meiner Lehre zum Chef ging und adieu sagen wollte, erhob er Einspruch: Ich müsse doch noch die Rekrutenschule nachholen. Doch er fand den Revers nicht mehr. Ich war frei.

Frei und arbeitslos?

Ich war zweimal arbeitslos, nach der Lehre und vor dem Krieg wieder. Das hat mir zu schaffen gemacht. In dieser Zeit begann ich, die Volkshochschule zu besuchen, ich hörte und las, was mir in die Finger kam. Zwar nicht unsystematisch, aber in allen möglichen Wissensgebieten. Mehr zu wissen, wurde mir geradezu zur Leidenschaft.

Wie bist Du denn überhaupt zum Journalismus gekommen?

Ich war Setzer bei der «National-Zeitung» und war irgendwie mit meinem Schicksal nicht zufrieden. Ich begann zu schreiben. Als ich dem Inlandredaktor einen politischen Artikel brachte, fauchte mich der an, was mir eigentlich einfalle. Zwischen den Stockwerken des Hauses müsse Ordnung sein. Ich solle gefälligst bei meinem Leisten bleiben. Feuilletonistische Texte wurden dann in der «National-Zeitung» und vor allem in den «Basler Nachrichten» aber doch abgedruckt. Als ich in Frick Redaktor war, hatte ich ex officio auch den Staatsbürgerkurs zu organisieren. Dort war dann «National-Zeitungs»-Inlandredaktor, der Dr. Hans Bauer – nun sozusagen als «Kollega» – bereits recht freundlich, als ich ihn als Referenten über Europa-Union und Integrationsfragen engagiert hatte.

Als Du Redaktor wurdest, hast Du quasi das Lager gewechselt. Warst Du vorher in der Gewerkschaft?

Ich war in der Gewerkschaft Typographia, aber ich fühlte mich nicht recht wohl. Alles war ein so kleinliches Feilschen um Vorteile. Darum fiel mir dann der Austritt leicht.

Du hast ja überhaupt Mühe mit allen, die marschieren, kamst doch

mit Vorbehalten von einem Oster-
marsch zurück.

Ja, das Marschieren in Reih und
Glied machte mir Mühe. Freilich
war das schon in der Armee so.
Beim Ostermarsch, über den ich
berichtete, hat mir der Stil nicht ge-
paßt. Ich habe die Teilnehmer ge-
zählt und mich an den Manieren
der Leute gestoßen. Mit ihrer Absicht war ich freilich einig.

Im engsten Kreis, zum Beispiel
im «Tages-Anzeiger», hattest Du
gewisse Probleme mit der Demo-
kratie.

Das waren Probleme, wie sie
wohl im Alltag jeder Gruppe anzutreffen sind. Schlimm waren sie
nicht. Es war bloß eine grundsätzli-

che Erfahrung mit der Demokratie
im kleinen Kreis. Wenn ich mich
als Leader in einem kleinen Kreis
demokratisch verhalten soll, besitze ich fast nur Pflichten und
keine Rechte. Daraus entstehen
schon Probleme, wenn man nicht
zum «Velofahrer» werden will.

Glaubst Du denn, daß Eliten nö-
tig sind?

Eigentlich schon. Es braucht
eine Elite, die als überzeugende
und nicht bloß als hierarchische
Führung dasteht.

War dies für Dich das Problem
im Militär? Daß dort nicht eine
überzeugende Führung, sondern
eine hierarchische wirkte?

Unter anderen, ja. Ich habe als junger Mensch immerhin 800 Tage Militärdienst abgeleistet. Da gab es eine sture Hierarchie. Ich habe aber ein gewisses Verständnis für die Behauptung, die Armee funktioniere ohne Hierarchie ungenügend. Dort läßt sich die Demokratie nur noch bedingt anwenden. Sie ist zu langsam, zu wenig reaktionsschnell.

Trifft das nicht auch ein bißchen auf den Staat zu? Oder ist es sogar so, daß Demokratie Eliten verunmöglicht?
Demokratie wirkt elitebeschränkend. Da liegt einer der Unterschiede zur Diktatur: Die Elite kann nicht unbeschränkt herrschen. Aber sie bildet sich auf alle Fälle heraus: Wenn 100 Menschen beieinander sind, kristallisieren sich zwei, drei Wortführer heraus.

Wenn Du Dich mit der Macht auseinandersetzest, so setzt Du Dich stets mit den Personen auseinander, weniger mit den Strukturen. Ist Dein Verhältnis zur Macht von persönlichen Erlebnissen geprägt, von Fällen des Machtmißbrauchs beispielsweise?
Ich habe eigentlich eher den Eindruck, daß ich jeweils die Strukturen im Auge habe. Hingegen ist etwas richtig: Ich bin überzeugt, daß die von der Verfassung gegebene Grundstruktur der Schweiz lebbar ist. Zwar kann sich die Frage stellen, wie weit sie angegelichen werden muß. Der Totalrevisionsvorschlag der Gruppe Furgler war richtig. Was ich aber beanstande, ist die heutige praktische Auslegung der Strukturen. Dazu gehören Elemente wie die Zauberformel, die Vernehmlassungen, die vorparlamentarischen Kompromisse. Das alles ist im Kern demokratiefeindlich. Die Volksbefragung ja, aber die Befragung all der pressure groups in der Vorphase ist nicht gut.

Da kommt aber der Föderalismus zum Zug, der Dir doch auch ein Anliegen ist. Wenn man die Gruppenanliegen nicht erfragt und rein majoritär entscheidet, kommen die kleinen Strukturen unter die Räder.
Wenn ich bundesstaatlich denke, muß mir der Föderalismus natürlich ein Anliegen sein. Und er ist es auch. Wenn ich aber das bundesstaatliche Wohlergehen im Auge habe, und das habe ich, dann muß ich die kleinen Strukturen zurückbinden. Das darf ich allerdings nur im Wissen, daß die Effizienz auch vom Wohlbefinden der kleinen Bundesglieder abhängig ist.

Beim Thema Föderalismus entwickelst Du anscheinend eine Art Haßliebe: Du bist sehr für den Föderalismus und sehr gegen den Kantonalismus.

Das ist richtig. Ich bin Laufentaler, bewußter Laufentaler, und das Laufental gehört erst seit 171 Jahren zur Schweiz. Von daher habe ich keine Verbindung zum Kanton Bern. Ich bin vielleicht ein Sonderfall: Bei mir steht keine Kantonsliebe, keine kantonale Identität im Vordergrund. Am nächsten steht mir noch Basel-Stadt. Rein rational weiß ich: Die Schweiz braucht die kantonalen Identitäten, den Föderalismus. Aber im Innern hänge ich in erster Linie am Bund. Den habe ich gern.

Dir fehlt offenbar die kantonale Verwurzelung. Du bist zwar ein Laufentaler, aber Du hast mehrfach den Kanton gewechselt, lebtest in Basel, im aargauischen Fricktal, im Luzernbiet und im Zürichbiet.

In Luzern fühlte ich mich sehr wohl. Nicht unbedingt politisch, aber landschaftlich, menschlich. Ich stehe jederzeit für den Föderalismus ein, erlaube mir aber, ihn zu kritisieren, wenn ich einen falschen, unehrlichen Föderalismus entdecke, wenn es sich um einen egoistischen Kantönligeist handelt. Ich habe auch immer die eidgenössische Verwaltung in Schutz genommen. Sie hat zwar ihre Schwächen, aber sie darf sich sehen lassen. Es ist in der Regel die Bundesverwaltung, die im Verkehr mit den Kantonen das gesamtstaatliche Interesse vertritt.

Für das «Bundes-Bern» hast Du also eindeutig mehr übrig als für das «Kantons-Bern». Wenn es den Bund nicht gäbe, würdest Du ihn vermissen.

Ich finde den Bundesstaat eine ganz hervorragende Schöpfung. Als Idee ist er ein Idealfall. Natürlich produziert die Bundespolitik oft Nieten, und dabei ist vor allem der Ständerat am Werk. Aber ich sehe ein, daß es ihn im föderalistischen System braucht. Diese Sicht ist für mich ganz wesentlich, und ich erkläre sie damit, daß ich Laufentaler bin. Meine Vorfahren lebten im Fürstbistum Basel, wo das Laufental nur durch die Birs von der sicheren und starken (solothurnischen) Eidgenossenschaft getrennt war, während Jahrhunderten den Plünderungen und Brandschatzungen von Kriegerhorden ausgesetzt. Seit der Reformation wollte der Fürstbischof zur Eidgenossenschaft, doch widrige politische Umstände ließen das immer wieder nicht zu. Meine emotionale Neigung gehört nicht dem Kanton Bern, sondern dem Bund.

Drückt denn das nicht ein wenig eine politische Heimatlosigkeit aus? Du bist nicht Basler, Luzerner, Zürcher geworden, bist kein Berner. Und der Bundesstaat ist zugleich überall und nirgends.

Vielleicht kann man das schon sagen. Darin liegt wohl mein politischer Individualismus begründet.

13

Immerhin: sich als Schweizer zu fühlen ist recht tragfähig.

Was empfindest Du denn zu Zürich? Hast Du da nicht auch Distanz behalten?

Zürich ist ein reicher Ort, der den typischen kantonalen Egoismus auf seine Art pflegt. Zürich trat zum Beispiel seinerzeit mit Überzeugung für «Kaiseraugst» ein. Warum? Weil die Kernreaktor-Technik total sicher sei. Da fand ich: Gut, aber dann setzt doch das nächste Kernkraftwerk auf die Sechseläutenwiese, wenn es so ungefährlich ist. Solchen kantonalen Egoismus sehe ich nicht gern. Was ich gern sähe, wäre eine kantonale Politik – nicht nur in Zürich, sondern überall –, die das bundesstaatliche Interesse mehr als bisher in Erwägung zieht.

Die Zürcher behaupten zwar immer, sie seien der bundestreueste Kanton der Schweiz. Sie zahlen am meisten Steuern . . .

Sie zahlen dem Bund am meisten, das stimmt.

Ist Dir denn Zürich zu groß?

Ich mag heute Zürich sehr, sonst wäre ich längst ausgezogen. Auch die Stadt ist schön. Was mich stört ist die parlamentarische Vertretung Zürichs, die zu stark den Status quo und übermäßig die Interessen der Wirtschaft und des Großkapitals verteidigt.

Du hast beklagt, daß zu Deiner Enttäuschung die Errungenschaften des materiellen Wohlstandes die Leute nicht glücklicher gemacht hat. Ist denn das Status-quo-Denken nicht die Konsequenz davon? Du bist der ewige Streber, der immer wieder etwas sucht, aber notwendigerweise stets von Neuem enttäuscht wird.

Meines Erachtens ist es im Staat notwendig, daß das Ziel nie erreicht sein kann. Es ist einfach nicht wahr, daß es einen demokratischen Staat gibt, der seinen Endstand erreicht hat. Das ist etwas vom Schlimmsten zur Zeit in der Schweiz: Daß sich nichts mehr wirklich bewegt, daß im Reichtum die Kräfte für Änderungen fehlen, daß die Devise lautet: den Status quo halten, nichts als halten.

Du warst bei den letzten Nationalratswahlen im Unterstützungskomitee für Elisabeth Kopp. Etwas von der Zürcher parlamentarischen Vertretung, die Du so Status quo-orientiert findest, wolltest Du offensichtlich unterstützen, fördern.

Zum Freisinn habe ich halt eine Art Haßliebe. Es gibt – nicht beim heutigen Zürcher Freisinn, sondern bei den liberalen Denkern – etwa bei Karl-Hermann Flach – Ideen, die ich absolut teile. Was hingegen in Zürich praktiziert wird, ist mir zu interessengebunden. Die Tendenz der liberalen Zürcher Nationalrätin Elisabeth

Kopp hingegen imponierte mir. Ich stellte erfreut fest: Jetzt gibt's doch jemand im Zürcher Freisinn, der in jener Richtung denkt, die ich meine. Darum unterstützte ich ihre Wiederwahl. Heute würde ich es vermutlich nicht mehr tun.

Warum nicht?
Weil ich opportunistische Tendenzen sehe. Ich finde nach wie vor gut, daß sie Bundesrätin ist. Aber ich habe mehr Vorbehalte ihrer Politik gegenüber als vor ein paar Jahren.

Hast Du denn das Gefühl, daß Deine Art der politischen Sicht je hätte in politische Verantwortung umgesetzt werden können? Oder hättest Du dann die gleiche Entwicklung genommen wie alle andern – jene der Anpassung, des Pragmatismus, des Opportunismus?
Wenn ich je in ein Exekutivamt gewählt worden wäre, hätte ich vermutlich größte Probleme gehabt mit dem Kollegialsystem.

Du wärst also eher ein Typ wie Otto Stich als wie Elisabeth Kopp.
Stich müßte eigentlich nicht in einem Kollegium sein. Aber vielleicht tut er dem Kollegialsystem gut. Kein Zweifel: Mir macht er Eindruck, weil er den Mut und den Elan hat, wider den Stachel zu löcken.

Im Grunde genommen stehst Du zwischen allen Fronten. Du bist unabhängig – das ist ein Vorteil. Du gehörst aber auch nirgends dazu – das ist oft auch ein Nachteil.
Wenn ich ein schwieriges Problem behandle, dann bin ich äußerst glücklich, niemandem verpflichtet zu sein. Aber ich bin mir bewußt, daß ich zuweilen auch quer stehe mit meinen Texten. Das ist mir aber egal. Meine Reaktion auf diese Erkenntnis ist: Unter keinen Umständen etwas zu behaupten, was nicht stimmt. Ich muß Gewißheit haben, daß die Fakten stimmen, wenn ich politisch Stellung beziehe. Sonst stimmt ja alles nicht mehr.

Du hast am Freisinn in der Zürcher Ausprägung keine Freude. Umgekehrt kann man Dich ja auch nicht zum SP-Lager zählen.
Richtig, aus ideologischen Gründen. Die sozialistische Gesellschaft, wie sie nach Marx vorgesehen wäre, das Leben im Kollektiv, kann ich mir nicht vorstellen. Ich erlebe aber immer und immer wieder, daß das, was mir vorschwebt im Bundesstaat, von SP-Parlamentariern vertreten wird. In den andern Parteien vertreten «meine» Thesen zum Teil eigentlich nur Gilles Petitpierre (FDP), Monique Bauer, Jean-François Aubert (liberal), Fulvio Caccia (CVP) und einst auch der leider verstorbene Ruedi Schatz (FDP).

Als ganze Gruppe hat Dich aber am ehesten die Linke gestützt. Deine Energiepolitik entsprach etwa der, die auch die SP verfocht. Allerdings hast Du immer wieder neu angesetzt, die Linie gebrochen, etwa in der Diskussion über die Kernenergie. Du warst stets gemäßigt-kritisch.

Ich würde, wenn ich zurück könnte, bei gewissen Themen schärfer auftreten, noch schärfer. Ich war immer sehr kritisch, wenn ich über die Kernenergie schrieb. Weshalb ich sie nicht voll verurteilte, hatte nichts mit der Räson des «Tages-Anzeigers» zu tun, sondern weil mir kein Wissenschaftler glaubwürdig sagen konnte, wie unbewältigt diese Technik noch immer ist. Einen Punkt sah ich wohl etwas zu wenig plastisch: Daß bei rund 500 Kernreaktoren in der Welt einer allein schon fast die halbe Welt beschädigen kann. Karl Schmid, der große Denker der sechziger und siebziger Jahre, hielt zwar die Reaktortechnik für zu wenig ausgereift. Aber die Fachleute behaupteten, sie hätten die Sache im Griff. Doch das Challenger-Unglück und die Tschernobyl-Katastrophe zeigen, daß die Technik nicht narrensicher ist.

Du hast ein strenges Anforderungsprofil an den Journalismus. Wo hast Du das her?

Ich glaube, daß man ein Journalismus-Verständnis auf einer ethi-schen Grundhaltung aufbauen muß. Es geht vor allem um Anstand, Fairness und nicht zuletzt auch um Zivilcourage. Wer das beherzigt, kann es fast nicht falsch machen.

Du hast rund um die Zeitung alles gemacht: Gefalzt, gesetzt, gedruckt, geschrieben. Haben es die heutigen Journalisten zu einfach?

Ich bin vom Technischen her zum Journalismus gekommen. Das ist einerseits vor allem bei der Redaktionsarbeit ein großer Vorteil. Er behält einen bei den Realitäten der journalistischen Arbeit. Andererseits verlangte das in meinem Fall ein großes persönliches Engagement. Ich stamme aber aus einer Zeit mit Krise und Krieg, da man hartes Arbeiten gewöhnt war. Freilich, daß ich Bücher in der Freizeit schreiben konnte, das verdanke ich weitgehend meiner Frau. Das wäre unmöglich gewesen, wenn sie in der Denkkategorie des heutigen Feminismus gelebt hätte.

Wenn Du nochmals zurück könntest, wärest Du radikaler, hast Du gesagt. Ein Befreiungsgefühl, wenn man nach der Pensionierung nicht mehr abhängig ist?

Ich sagte immer wieder und wiederhole es auch hier, daß ich mich beim «Tages-Anzeiger» in keiner Weise journalistisch eingeengt fühlte. Ich weiß nicht, ob darin auch ein wenig Selbstsuggestion ist. Behindert in einer Aussage wurde ich überhaupt nie. Mir war aber immer bewußt, daß dieses Medium «Tagi» sehr wertvoll ist und daß man zu ihm Sorge tragen sollte. Ich wollte zwar sagen, was ich zu sagen hatte, aber ich überlegte mir, *wie* ich es sage, denn das ist besonders wichtig. Auch wollte ich dieses Medium nicht mißbrauchen.

Ganz grundsätzlich: Wie kann ein Journalist die Rolle des kritischen Beobachters spielen, wenn er den Lohn von jemandem bezieht, der bestimmte Interessen hat und der ihm zumindest durch die Blume androhen kann, daß der Lohn nur dann ausbezahlt wird, wenn er sich wohl verhaltet?

Wenn ich einen Arbeitsvertrag unterschreibe, akzeptiere ich die Spielregeln, und ich setze auch voraus, daß der Vertragspartner das ebenfalls tut. Mir war klar, daß ich im Sinne der «Politik des Hauses» eine Denkspur mit meinem Vertrag akzeptiert hatte. Ich konnte sie akzeptieren. Eine Zeitung ist etwas anderes als eine Teigwarenfabrik. Außerdem: 1964/65 fragte ich zum Beispiel, ob ich das Buch «Profil der Schweiz» schreiben dürfe, in der Freizeit nota bene. Die Erlaubnis kam. Ich fragte bei allen Büchern, die ich während meiner Tagi-Zeit geschrieben

habe. Auch das gehörte für mich zum Arbeitsvertrag.

Du hast im Journalismus immer die Gratwanderung versucht. Warst Du nie versucht, Dich ganz auf die eine oder die andere Seite zu schlagen?

Obwohl ich den Einfluß der Presse absolut nicht überschätze, glaubte ich immer, es bringe etwas, wenn ich Ideen weitergebe. Den Mittelweg zu wählen, ist mir wahrscheinlich auf die Stirn geschrieben. Das entspricht übrigens auch meinem laufentalischen Herkommen.

Im Fricktal warst Du Allrounder. Du schriebst über alle Themen – vom Lokalen über den Sport bis zur Außenpolitik. Wie bist Du eigentlich zur Innenpolitik gekommen?

Das war J. B. Rusch mit seinen «Republikanischen Blättern» zu verdanken. Dieser tapfere journalistische Einzelgänger konnte begeistern. Außerdem war die Innenpolitik in der Kriegszeit viel interessanter als heute.

Wolltest Du nie in einem andern Land sein als in der Schweiz?

Ich habe eigentlich keinen Wunsch, in ein anderes Land zu ziehen. Vielleicht bin ich in diesem Punkt beinahe ein Einzeller, obwohl ich recht viele Reisen gemacht habe. Aber ich finde, daß ich hier hineingestellt bin und hier versuche, das Beste daraus zu machen. Und aus der Kritisiererei wuchs auch Positives.

Beispielsweise die ch-Reihe.
Genau, zuerst aber die «Föderalismusstiftung». 1965 hielt Herbert Lüthy vor der Neuen Helvetischen Gesellschaft in Vitznau einen faszinierenden Vortrag, «Geist und Ungeist des Föderalismus». Hans Peter Tschudi stürmte damals auf Lüthy zu, klopfte ihm auf die Schulter und sagte: Sie haben exakt das gesagt, was ich schon lange sagen wollte. Im gleichen Jahrbuch, in dem dann Lüthys Text erschien, schrieb ich ebenfalls einen Aufsatz, in dem ich den Ständerat zum Handeln aufrief. Theo Chopard, der beste NHG-Zentralpräsident seit langem, biß sofort an. Daraus erwuchs nach langen Verhandlungen die «Stiftung für eidgenössische Zusammenarbeit».

Aber die «ch-Reihe»: Was hat Dich denn so interessiert am Deutsch-Welsch-Problem?
Mit der Stiftung wollten wir zunächst den Kantonen das Zusammenarbeiten beibringen. Als wir im Stiftungsausschuß umorganisierten, wurde mir das Ressort Kultur zugeteilt. An der Sprachgrenze aufgewachsen; kannte ich die Probleme und wollte etwas in dieser Richtung tun. Da kam mir die Idee, man müßte den Literatur-

Austausch pflegen, die Schweizer auch im Bereich der Literatur dazu bringen, sich gegenseitig zur Kenntnis zu nehmen. Die Idee fand Anklang, aber die Übung war unsinnig heikel und lang.

Aber was hat Dich interessiert an diesem Kulturaustausch? Ist der Eindruck richtig, daß Du diese Aufgabe als Kulturverantwortlicher sofort politisch verstanden hast?
Ich sah es sicher nicht literarisch, sondern ich fand: In der helvetischen Sprachsituation tut die Linke, was die Rechte nicht weiß. Inzwischen sind in der ch-Reihe 65 Bände herausgekommen. Das größte Hindernis in den ersten zehn Jahren war übrigens die Kulturstiftung des Bundes, die Pro Helvetia.

Warum kamst Du eigentlich dazu, selber Bücher zu schreiben?
Ganz prosaisch. Ich sah am Fernsehen eine Umfrage auf der Zürcher Bahnhofstraße, wo die Leute gefragt wurden, was das Referendum sei. Da kamen dumme Antworten. Da wurde mir klar, daß wir in der Zeitung über alle Köpfe hinweg schreiben. Ich brachte das an einer Inlandkonferenz vor. Da meinte ein Kollege: Ausgezeichnet, mach etwas! Zusammen mit Klaus Hug, dem heutigen Biga-Direktor, schrieb ich zehn Fortsetzungen einer Artikel-Serie, eine Art von Staatsbürger-

kunde. Da rief der Rascher Verlag an und schlug mir vor, ein Buch über den schweizerischen Staat zu schreiben. Die Idee faszinierte mich – ich schrieb das Buch (vollkommen in der Freizeit, gegen 700 Schreibmaschinenseiten!). Das war der Beginn des Bücherschreibens, so etwas wie meine Dissertation, die ich pflichtschuldigst noch nachlieferte!

Interviewer:
Richard Aschinger, Roger Blum und Max Frenkel

Impression nach dem Spitalaufenthalt

Mit dem Scharfsinn des neugierigen Vagabunden

Hans Tschäni hat Maschinensetzer gelernt. Er arbeitete in diesem Beruf auch, bevor er 1950 Redaktor wurde. Sein allererster veröffentlichter Artikel, die «Vagabunden», stammt aus dieser Zeit, da er Maschinensetzer war und Redaktor werden wollte. Er ist Zeugnis für «das Feuilleton» der Zeitung von damals. Ebenso der Text von 1949. Neben diesen Feuilletons enthält auch der Bericht von 1984 über den eigenen Spitalaufenthalt Persönliches; zum Ausdruck kommt darin der Verdacht auf ein allgemeines Malaise im Dialog zwischen Arzt und Patient.

Hans Tschäni ist mit Leib und Seele Journalist. Ihn fasziniert die Vielfalt der Tätigkeit: neugierig wandert er herum und kommentiert Aktualitäten. Ein einzelner Anlaß wird dargestellt und in größeren Zusammenhang gebracht. So vermittelt er seinen politischen Standpunkt.

Zum Herumwandern gehört für Hans Tschäni auch das Reisen. Der Text von 1974 über Kanada vergleicht die Zustände in der Schweiz und ist in Sachen Umweltpolitik unverändert aktuell.

21

Vagabunden

Es ist Abend geworden und die Dunkelheit ist durch die Fenster in den weiten Raum gekrochen. Die Schriftsetzmaschinen stehen in unsicheren Umrissen nebeneinander, sie klingeln und ihre Rädchen surren. Eine abgeschirmte Lampe wirft ihren Lichtkreis über meine Hände. Unermüdlich gleiten sie über die vielen Tasten und die gelben Matrizen klingeln aus dem dunklen Körper der Maschine in den beleuchteten Sammler. Aufgeregt zucken sie hervor, eine nach der anderen, fügen sich zu Worten und Sätzen zusammen und beruhigen sich erst, wenn sie über Schienen und Zahnstangen gleiten und wieder zu ihrem Ausgangspunkt zurückkehren können. Lange dürfen sie nicht ruhen, denn immer von neuem wieder müssen sie ihre Rundreise antreten, gehetzt von meinen Händen und den surrenden Rädchen, müssen helfen Zeilen zu gießen, Zeilen, Zeilen, Zeilen – zu endlosen Spalten.

Man möchte glauben, es gäbe außer der Arbeit nichts mehr auf der Welt für den Mann an der Maschine. Starr sitzt er da, blickt unverwandt auf das Manuskript und auf seine Hände, die auf den Tasten wie in einem Teller voll Erbsen wühlen. Seine Ohren lauern auf die Töne der Maschine, die Augen auf die Tücken des Manuskriptes, der Orthographie und der Tasten. Der scharfumkreiste Wurf des Lichts tut zu diesem Bild der Konzentration das seinige und läßt das Nebensächliche in der Tiefe des dunklen Raumes verschwinden. Zeile um Zeile rutscht aus dem engen Kanal hervor, Spalten entstehen in olympischem Tempo. Und wenn die Schicht gewechselt wird, dann ist aus vielen Spalten eine Zeitung, ein Morgen- oder ein Abendblatt geworden – eines der vielen hundert eines Jahres.

Auch nach fünf oder zehn Jahren wird der Maschinensetzer im Lichtkreis seiner Lampe an der Maschine sitzen und auf den Tasten wie in einem Teller Erbsen wühlen. Auch wird es nicht minder den Anschein haben, es gäbe außer der Arbeit im Moment nichts für diesen Mann. Selbst der seltsamste Weg, den der auf dem Manuskript aufgezeichnete Gedanke des Autors aus dem Licht durch die Augen im Dunkeln bis zu den beleuchteten wühlenden Hände nimmt, um von dort weiter den Weg in die Zeitung zum Leser zu finden, wird der gleiche bleiben. Und gleichwohl sind die paarmal hunderttausend Zeilen, die in dieser Zeitspanne den Weg durch den Maschinensetzer und seinen eisernen Kollegen gefunden haben, nicht ohne Spuren an ihm vorübergegangen. Wie der stete Tropfen den Stein höhlt, so haben die vielen Zeilen in diesem Manne eine Furche gegraben. Sie gehört nicht in den Menschen, diese Furche. Sie ist einer Krankheit sehr ähnlich. Vielleicht könnte man sie auch eine Deformation nennen, die Deformation, welche die stete Mechanik am Lebendigen bewirkt. Eine Krankheit des Zwanges. Des Zwanges, lesen zu müssen. Des Zwanges, die Themen unverbunden zu wechseln und dadurch zusammenhanglos zu werden. Der Stoff, der durch diese Furche fließt, geht vom Manuskript durch die Augen, gleitet widerstandslos am Bewußtsein vorbei und steuert jenes Paar Hände, das um der Arbeit willen wühlt. Diese Hände sind wie die beiden zahmen Pferde meines Großvaters selig, die den Weg fanden, auch wenn der Fuhrmann, der sie hätte führen sollen, auf dem Bocke schlief.

Der Setzer schläft natürlich nicht. Daß er liest und tastet, bezeugt aber noch nicht, daß er wach sei. Die Jahre haben über die Schwierigkeiten der Manipulation den Sieg davongetragen. Er kann deshalb arbeiten und zugleich mit seinen Gedanken spazieren gehen – vielleicht dorthin, wo er gerne sein möchte. Denn aus dem ununterbrochenen Fluß vom Manuskript in die Hände findet immer wieder eine Wahrnehmung, eine kleine Auffälligkeit, den Weg dorthin, wo es eine Gegenwart in ihm gibt. Sachte schleicht sie sich ein, durchsichtig und flach zuerst, dann konkreter, deutlicher und schließlich hüpft sie beweglich wie ein Eichhörnchen, von Ast zu Ast. Relationen, richtige Gedanken. Damit ist er geboren worden, der Vagabund im Gehirn. Ein Tagedieb des Willens ist er, ein freies Gebilde, das dynamisch der Mechanisierung entfloh. Sie leben auf Kosten ihrer Herren, diese wildernden Gedanken; nirgends bleiben sie und nippen nur dort, wo es ihnen genehm. Magnetisch werden sie weitergezogen, wie der Vagabund vom Hunger. Tänzelnd gehen sie ihre eigenen Wege. Sie zerstören den Willen, der die Konzentration ausmacht – aber sie sind unterhaltsam; sie retten vor der totalen Maschine, vor den Schalthebeln und dem lähmenden Einerlei der hunderttausend Zeilen.

Und dafür gebührt ihnen Dank.

Zuerst scheint es, als wären sie nirgends. Verschlossen wie die Murmeltiere auf der Alp. Man wartet. Beim Maschinensetzer dauert dieses Warten ein wenig länger als das Wechseln des Manuskriptes. Eine Kunstbetrachtung, ich glaube es war über Rodin gewesen, hatte ich vorher gesetzt und sie hatte mich vollauf beschäftigt. Leicht war es nicht gefallen, den Bogen aus dem Halter zu nehmen und an den Haken für Erledigtes zu hängen; doch nun ist's geschehen. Mit Bedauern geschehn. Und seither wühlen meine Hände wieder. Ein neues Blatt ist vor mir eingespannt. Ich mag mich noch erinnern, aber es scheint mir, als wären's Stunden seither, und doch habe ich erst wenige Zeilen gegossen – ich mag mich erinnern: es sind Kochrezepte für die Frauenseite, die ich setze, Kuchen, Cakes, zwei Eier, eine Prise Salz, 100 Gramm Butter und Safran . . .

Sogleich sind sie aus allen Löchern gekrochen, die Vagabunden und haben sich der Freiheit gefreut. Über das Manuskript sind sie hergefallen; als wäre es das Gesicht eines Menschen, so haben sie's betrachtet, haben seine Züge zu erforschen gesucht, wollten verstohlen hinter die Kulissen schauen und haben sich geläufig der Graphologie bedient. Es ist auch wirklich das Gesicht eines Menschen, so ein Manuskript, das wahre Gesicht des Autors. Handschriften mit ihrer offenen Sprache, mit Überschneidungen und Arkaden und Girlanden sind dabei dem Scharfsinn des neugierigen Vagabunden dienlicher als das maskierte, vertechnisierte Getue der Schreibmaschinen. Freilich, auch diese Bogen verraten Persönlichkeit. Oftmals wirken sie auf den ersten Blick recht sympathisch, oftmals stoßen sie ab. Nun hat einer aus dem Rudel der Vagabunden eine Korrektur entdeckt; ein ganzer Satz ist mit einer Kette kleiner «m» überschlagen. Er nimmt sich die Mühe, genauer hinzusehen, er entziffert und kommt dem Autor auf die Spur. Das sind jeweils instruktive Indizien, die von schweißtriefendem stilistischen Bemühn sprechen oder aber ein gedankliches, vom Inhalt abweichendes Stumpengeleise freilegen, das beredter sein kann als alle Hyper-Graphologie. «So, so, auch daran hast du gedacht; – sehr interessant . . .», murmelt der Vagabund, und vergißt das nicht so leicht.

Am liebsten sind ihm die Feuilletonschreiber. Ihnen spürt man es an, sie nehmen ihr Metier ernst, sie können die Erdenschwere überwinden, haben etwas vom ungekünstelten Anfang der Menschen in sich und lassen's gar oft im Manus merken. Bei ihnen gibt es eine besondere Art von Korrekturen. Es sind jene roten Striche des Redaktors, der die Mistel der Überschwenglichkeit entfernt, die so leicht an den in den Himmel wachsenden Bäumen der Poeten gedeiht. Wenn der Vagabund im Maschinensetzer sich durch das Manus mit ihnen befaßt, dann ist es ihm in seinem Saale der Mechanik nicht lange mehr wohl. Er sucht den Autor zu finden, möglichst in seiner Klause. Er setzt sich zu ihm, dem Manne mit dem langen Gesicht, der auf dem Fenstersims seiner Bude sitzt und in die Nacht hinaus träumt. Ein laues Frühlingslüftchen streichelt dann die Krone der breiten Linde, die unter ihm in der Anlage steht und der Mond gibt dem späten Heimkehrer dort auf dem Trottoir einen schattigen Begleiter, der wie ein Bajaß hinter ihm her watschelt. Im Zimmer drin herrscht Unordnung; auf dem Tischchen ist ein Gedichtband aufgeschlagen und über dem Fußboden liegen weiße Schreibbogen hingestreut. – Er hat sich nicht getäuscht, der findige Vagabund, ein solcher Poet muß es sein, der hinter dem Manuskript mit den bauchigen Oberlängen und der großen Schrift steckt . . .

Längst ist das Kochrezept gesetzt. Immer noch wühlen die Hände des Maschinensetzers im Scheine der Lampe wie in einem Teller voll Erbsen, und Zeile um Zeile rutscht aus der Maschine. – Da hebt er plötzlich den Kopf und läßt zugleich die Hände sinken. Die Gegenwart macht sich wieder breit und die Vagabunden, die tollen Kumpane, sind versunken und warten auf eine neue Gelegenheit. Denn nun ist Schichtwechsel. Der Maschinensetzer steht auf und sein Kollege, der soeben zu ihm getreten ist, setzt sich auf den Stuhl, in den ruhenden Schein der Lampe.

(National-Zeitung Basel, 1948)

Tante Hermine

Drei Tage nach Weihnachten, an einem nebligen Wintermorgen, umsteht ein Trüpplein bedrückter Angehöriger zwei frische Grabhügel. Der eine davon ist drei Wochen alt, hat sich bereits ein wenig gesenkt, und die beiden Kränze, die darauf liegen, sind angewittert. Der andere dagegen ist soeben zugeworfen worden, und noch sind kleine Bewegungen im Humus zu bemerken, wo die Krümchen da und dort ein wenig tiefer purzeln, sich ein festeres Plätzchen suchend. Die beiden Gräber werden später eine gemeinsame Umfriedung erhalten, denn sie bergen zwei Schwestern, die ein siebzigjähriges Leben miteinander geteilt haben.

Das rasche Hinscheiden der beiden ist in keiner Zeitung vermerkt worden, und es hat nicht einmal in dem kleinen Orte das Räderwerk des Alltags zu stören vermocht. Sie hatten sich im Leben außer Hauses eben nie hervorgetan, und ihre Existenz wurde selbst im Tageskreis des Dorfes nur am Rande vermerkt. Die einzige Demonstration vor der Öffentlichkeit, die sie sich geleistet hatten, war die des Einandernachfolgens in den Tod. Das hatte freilich genügt, die Bauern und die Bäuerinnen zu kurzem Nachdenken zu veranlassen, und die Schar Nichten und Neffen, die auch der zuletzt gestorbenen Tante Hermine ans Grab gefolgt sind, stehen in Gedanken versunken und stärker beeindruckt, als dies der verwandtschaftliche Grad erforderte. Dies hat seinen Grund besonders in dem seltsamen Tod, mit dem Tante Hermine von dannen gegangen war. Seltsam deshalb, weil er scheinbar so sehr im Widerspruch zu ihrem Leben stand, und weil er zwingend einer Revision des Urteils rief, das man sich von ihr die Zeiten hindurch gebildet hatte.

Die Wahrheit und die Tiefen in Tante Herminens Wesen wären der Umwelt für immer ein Geheimnis geblieben, wenn sie vor ihrer Schwester gestorben wäre. Sie hätte einfach abbrechen müssen, jäh und unvermittelt, wie ein dürrer, ruppiger Ast aus hartem Holz. Es wäre dann ein Ast weniger gewesen am großen Baum – aber keiner zu wenig. Das klingt hart; aber erst die kurzen drei Wochen, die sie länger als ihre Schwester bei uns blieb, haben ihre Widersprüche aufgeklärt, haben soviel Seltsames an ihr verständlich gemacht und uns einen Schlüssel zu ihr gegeben. In diesen drei Wochen sind die Umrisse ihres schlimmsten Lebensgefährten aufgetaucht, d. h. in der kurzen Zeit, da er nicht mehr existierte – des unbewußten Widerstandes in ihrem Wesen.

Eigentümliche Widerstände stecken noch in vielen Menschen. Sie sind, wie die stachelige Schale einer Kastanie, dazu da, den zarten Kern zu schützen. Etwas Weiches vermöchte niemals den Witterungseinflüssen eines Lebens standzuhalten. In der botanischen und der zoologischen Natur ist uns dieser Schutz und sein Zweck geläufig; warum nicht, wenn er das Wesentliche am Menschen umgibt? Niemand haßt den stacheligen Igel, denn wir wissen, weshalb er vom Schöpfer so geschaffen worden ist. Auch fällt es uns nicht ein, eine Nuß ihrer harten Schale wegen wegzuwerfen, denn wir schätzen den schmackhaften Kern in ihr. Bei den Menschen ist es anders. Diese können nicht, wenn sie zufällig nach außen stachlig sind und borstig, a priori mit dem gleichen Verständnis rechnen, das man einer Nuß entgegenbringt. Denn bei ihnen entscheidet sozusagen nur das äußere Verhalten für die Geltung in der Welt. Der Mensch ist eben ein Mensch – und keine Nuß . . .

Unter den beiden Schwestern hatte Hermine immer den minderen Rang eingenommen. Das hatte sie aber nicht bedrückt, nein, es war geradezu ihr Element geworden. Indem ihre Ansicht keine Geltung fand, darin sah sie selber ein Glück. Denn sie schlug in allen Dingen immer so ziemlich das Dümmste vor, was die jeweilige Situation erheischte. Das lag in der Art, wie sie zu Entschlüssen reifte. Unglücklicherweise dachte sie nie mit dem Verstand, und das ist unter Menschen ein großes Handicap. Hingegen sah sie ein, daß man mit dem Verstand denken müßte, wenn man existieren und nicht ins Narrenhaus kommen wollte. Also schaltete sie die erste Regung, die jeweils aus ihrem geradezu unheimlich ehrlichen und gütigen Kerne kam, in eine erzwungene Verstandeskonstruktion ein. Aber eben, wo der Verstand die Herrschaft nicht aus Veranlagung innehat, da arbeitet er lückenhaft. d. h. dieses Peilgerät, eingespielt auf die Skala menschlicher Opportunität, überläßt hier zuweilen die Führung den Regungen des «Herzens». Ein also gelenkter Mensch hat ungleiche Tempi, er schnellt vor und stoppt alsbald unvermittelt. Die treibenden Kräfte jedoch bleiben der Umwelt unbekannt, und sie waren auch für Tante Hermine eine Mechanik, die im Unbewußten spielte. Daraus entstand ihr vielfach seltsames Verhalten, das wie ein Widerstand in ihr wirkte, ihren Kontakt zu den Menschen erschwerte und ihr Feinde verschaffte. Sie war inkonsequent und unbeherrscht und ihrer terriblen Explosionen wegen mühsam im Umgang. Ihre Schwester war ganz anders. Sie paßte haargenau ins Gefüge der Gesellschaft – und war beliebt. Hermine zog ihre ungestümen Kreise um sie herum und orientierte sich an ihr wie an einem Kompaß. Was Hermine nicht paßte, das warf sie den Menschen an den Kopf, ohne Gefühl für den Augenblick. Meistens hatte sie unrecht, ihr Urteil war weder Herz noch Verstand, es war ein Bastardprodukt. Und das Schlimmste an allem; sie wußte das und litt darunter.

Schon als Kind mochte ich sie trotzdem gut leiden, denn Kinder haben ein Gefühl wie Wünschelrutengänger. Freilich: sie bot mir ein Refuge, wenn ich daheim etwas verbrochen hatte; das war falsch von ihr. Sie schimpfte auf meine Mutter, wenn es der Augenblick zu gebieten schien; natürlich war auch das falsch von ihr. Ich brach mir als kleiner Bube den Arm, und man fuhr mich bleichgesichtig auf einem Wägeli an ihrem Hause vorbei. Mitleid? Nichts davon, sie ballte die Fäuste, und ich fürchtete, sie würde mich meines dummen Streiches wegen schlagen. Aber drei Stunden später brachte sie mir Schokolade . . .

Nach außen hatte es den Anschein, die Forsche beherrsche ihre Schwester. Es schien so – weil die Menschen die Schale überschätzten. Es ist überhaupt etwas Schreckliches um die Schale. Viele Menschen gehen unter in ihrem eigenen Gefängnis. Tante Hermine war es anders beschieden.

Die ältere der beiden wurde krank, und als sie mit den Geistern stritt und das Unabänderliche sich auf ihr Antlitz zeichnete, da wallte die borstige, unbeherrschte Hermine nochmals auf, bäumte sich gegen das Unvermeidliche in unbeholfener Opposition. Man war mehr um sie als um die Sterbende besorgt. Doch seltsamerweise, so wie das Lebensflämmchen auf dem Totenbette zu flackern, zu glimmen und schließlich auszulöschen begann, so entrückte auch das ungestüme Wesen Herminens. Leise, ohne Geräusche, stürzte es in sich zusammen. Die Schale war entzweigebrochen.

Nun war sie frei geworden, ohne es selbst zu wissen. Auch wußte sie nicht, daß sie eine tödliche Wunde erhalten hatte. Ihr Inneres lag bloß, und ohne Widerstand floß ihr wahres Wesen wie ein murmelnder Bach dahin. Es war nicht das gleiche, wie bei vielen gütigen Menschen, die ganz einfach den Verstand zu lückenlosem Spielen bringen. Nein, es war ihr nacktes, lebensunfähiges Inneres, das sich nun seiner nicht mehr schämte. Diese Nacktheit erregte Mitleid und beschämte sogar ein wenig die Menschen. Es fehlte eben das Wesentliche ihres bisherigen Verhaltens, an das man gewöhnt war. Niemandem war es wohl bei diesem Wandel. Sie tröstete den Bruder wie eine Mutter und zog in dessen Heim. Sie ermahnte die Jungen und war ein Vorbild der Einsicht. Sie begann zu schenken, und hätte man sie gewähren lassen, so wäre das Armenhaus rasch in die Nähe gerückt. Aber die unsichtbare Wunde in ihr sorgte dafür, daß die Zeit nicht mehr reichte, sie auch materiell bloßzulegen.

Es kam der Heilige Abend. Müde und zusammengesunken saß sie mit den Nichten und Neffen unter dem Weihnachtsbaum. Die Kerzen leuchteten hell, aber sie warfen gespenstische Schatten auf Tante Herminens altes Furchgesicht. Sehr lange brannten die Kerzen; als sie eine nach der anderen mit einem leisen Knall sich von dem zunehmenden Dunkel der Stube zurückzogen, da lehnte Tante Hermine müde, sehr müde in die Kissen zurück. Und sie begann zu schlafen, tief zu schlafen – wie ein Kind. Nun schläft sie weiter unter dem frischen Grabhügel. Drei Wochen lang hat sie ohne ihre Schwester leben können. «Seltsam schön ist diese Frau gestorben», sagte der Herr Pfarrer, und dann sprach er von Geschwisterliebe. Aber die Neffen und Nichten, die jetzt das Grab umstehen, haben diesen Tod noch anders empfunden, ganz anders . . .

(Basler Nachrichten, 1949)

Notizen eines Patienten

Aufgeschrieben während eines achtwöchigen Spitalaufenthaltes

Zuerst ein Nachwort: Ich weiß sehr wohl, daß persönliche Erlebnisse, nicht nur solche aus dem Bereich der Medizin oder des Gesundheitswesens, leicht zu Verallgemeinerungen oder falschen Schlüssen führen. Das Ganze kann oft anders als das erlebte Detail sein. Dennoch, scheint mir, sind Erfahrungen immer ein Teil eines ganzen Bildes, eines Zustandes und daher ernst zu nehmen. Jedenfalls gibt es Gründe, über Erfahrungen zu sprechen, sie ins Gespräch zu bringen. Zum Beispiel den, Stilfehler, die sich eingeschlichen haben und die vor allem jene nicht erkennen, die sie begehen, sichtbar zu machen. In der Medizin, wo es von Tabus nur so wimmelt, ist diese Gefahr akut. Dieses «Metier» ist im Volksempfinden sowieso irgendwo zwischen Himmel und Erde angesiedelt. Es wird von einem opportunistischen Respekt getragen, denn wer müßte nicht befürchten, eines Tages mit Haut und Haar auf die Mediziner angewiesen zu sein. Wir alle haben daher ein Interesse daran, den Doktor auf dem Podest zu sehen, ihn als Vertrauensperson und möglichen Lebensretter zu akzeptieren. Ich jedenfalls vertraute ihm.

Nach drei Wochen: Mir sind in den 21 Tagen, in denen ich zuerst in einem Bezirks-, und dann in Zürich in einem Großspital liege, nun aber Zweifel gekommen. Eigentlich hätte ich, als ich meine Krankheit spürte, selber etwas unternehmen sollen. Die Schwächeanfälle und Schüttelfröste, die mich den Sommer über beunruhigt hatten, verlangten das geradezu. Das sage ich mir jetzt im Spital immer wieder. Aber es gibt in unserem Leben Werte, die fast unumstößlich sind. Der Glaube an den Doktor ist zum Beispiel so ein Wert. Ich renne zwar nicht gleich zum Arzt, sondern versuche es jeweils zuerst mit Hilfsmitteln. Wenn du aber spürst, daß etwas in dir ist, das dich ernsthaft bedroht, dann gehst du doch. Ich jedenfalls vertraue mich dann dem Doktor an. Er verschreibt die Medikamente und sagt mir, wie krank ich bin. Mir sagte er: «Diese Schüttelfröste gefallen mir gar nicht.» Und als dann in den gleichen Wochen ein schmerzhafter Gichtknoten und eine Venenentzündung auftraten, stand für ihn fest: «Irgendwo in Ihrem Körper gibt es einen Infekt. Wo? Eigentlich müßte man röntgen.

Aber . . . nehmen Sie jetzt einmal dieses Medikament, dann wollen wir wieder sehen.» Er verschrieb mir Breitspektrum-Penizillin, dreimal täglich eine Tablette zu nehmen. Eine Antibiotikum-Spritzkanne.

An diesem Punkt, das weiß ich heute, hätte ich selbständig denken sollen. Hätte ich fühlen müssen, daß jetzt nicht Penizillin, sondern eine gründliche Suche nach meinem «Infekt» nötig sei. Ich hätte das imperativ verlangen müssen. Aber der Glaube an den Doktor war zu stark. Ich schluckte Penizillin. Wochenlang.

Im Spital, wo ich – viel zu spät – schließlich doch gelandet bin, ist nun dieser Glaube an den Doktor schlicht zur Basis meiner Patientenexistenz geworden. Der Zustand, das heißt die Allmacht des Arztes und die Hilflosigkeit des Patienten, erscheint mir hier in stillen Stunden beklemmend. Die totale Abhängigkeit akzeptiere ich wie die Kuh das geschlossene Gatter. Der kranke Mensch ist im Spital ein ausgelieferter Mensch. «Ich nehme jetzt Blut», sagt die Schwester. «Ich gebe Ihnen eine Spritze» oder «Sie bekommen nun Antibiotikum-Tabletten, drei pro Tag.» Nach der ersten Operation stellte ich fest, daß vier Schläuche aus meinem Körper hingen. Der eigene Wille und das eigene Verfügungsrecht sind delegiert an die weißen Gestalten. Ich ziehe das, was mir verordnet wird, überhaupt nicht in Erwägung. Der Arzt ist der Treuhänder meines Lebens. Dann frage ich mich: Wer ist eigentlich «der Arzt»? Es gibt den Abteilungsarzt, den Oberarzt, den Chefarzt. Im Olymp werden Stufen sichtbar. Das Wort Arzt hat unterschiedliches Gewicht. Der Begriff Hierarchie ist hier im Spital ganz groß geschrieben. Bei der Chefvisite wird diese Hierarchie wie beim Hochamt in der Kirche zelebriert: Die Tür wird weit aufgerissen, und eine Schar weißer Gestalten quillt wie eine Wolke ins Zimmer. Im Zentrum am Fußende meines Bettes mit dicker Brille der Chef. Er läßt sich in Medizinersprache meinen Fall skizzieren. Das Murmeln hört sich an wie ein Gebet. Andächtig steht die Schar dichtgedrängt und nimmt schließlich erleichtert das zustimmende Nicken des Mannes mit der dicken Brille zur Kenntnis. Dann teilt sich die Gruppe eilends, und wie ein Hohepriester schreitet der Chef zur Tür hinaus.

Nach 15–20 Sekunden ist der Spuk jeweils verschwunden. Walter Vogts Roman «Der Wiesbadener Kongreß» kommt mir in den Sinn, in dem der Schriftsteller-Arzt die Rolle des Chefs profaniert. Ich lehne mich sprachlos in die Kissen zurück. Nach der ersten Versuchung, über eine fast komische Erscheinung zu lächeln, kehrt rasch der Respekt zurück. Der Mann, der mich operiert hat, war dabei, und den Narkosearzt meine ich ebenfalls erkannt zu haben. Der unscheinbare Mann hat meinen lebendigen Bauch aufgeschnitten. Was das heißt! Der direkte Schnitt in mein warmes Fleisch, in mein Inneres – die Vorstellung läßt mich erschauern. Ich bewundere den Mann, der sich so etwas getraut. Aber auch jenen Oberarzt mit dem roten Kopf, der bei meiner Operation assistiert haben soll, habe ich in der Wolke erkannt. Lauter interessante, respektgebietende Leute. Ihre Meinung über den Stand der Therapie, die zur Rettung meiner Niere entscheidend sein soll, würde mich brennend interessieren. Da liegt nun aber der Punkt, der mich, je länger ich im Spital liege, desto mehr erregt: In den 20 Sekunden, da das Dutzend Augenpaare auf mein Bett schaute, war ich Objekt gewesen, mehr nicht, die vergiftete Niere, die man in einer Notoperation drainiert hatte. Die Niere, die ein Loch haben soll, wie ich später hörte. Und von diesem Loch erwartet man, daß es ausheilen würde. Da hätte mich als Subjekt dieses Objekts die Ansicht dieser gescheiten Männer schon interessiert. Aber sie hatten nur die Niere gesehen. Ich war auf die Deutung der Mienen, auf das Kopfnicken und die Bewegung der Augenbrauen angewiesen. Im übrigen bestand meine Aufgabe darin, ruhig zu liegen und «Geduld zu haben», wie der Abteilungsarzt mein Fragen beantwortete. Das war ja wirklich auch die klarste Umschreibung dessen, was der Patient zu tun hat: Geduld haben, nicht fragen.

Nach der vierten Woche: Wieder besucht mich die Chefsuite. Offensichtlich ist erneut von meiner «Therapie» die Rede. Sie verläuft gar nicht nach Wunsch. Wieder bin ich Objekt gewesen. Wenig später kommt überraschend der Abteilungsarzt mit der Schwester an mein Bett. Aus der am Fußende aufgehängten großen Plastiktasche nimmt er Röntgenbilder und Urintabelle, die er mit der Schwester bespricht. Dann verschwinden beide aus dem Zimmer. Irgend etwas ist im Tun. Ich bin auf alles hellsichtig geworden, was in meinem kleinen Gesichtskreis geschieht. Es geht ja schließlich um mein Fleisch. Ich habe da meine Erfahrungen gemacht. Nach der ersten Operation wurde ich eines Tages mit meinem Bett aus dem Zimmer geschoben: «Wir gehen jetzt miteinander einige Stockwerke tiefer in die Röntgenabteilung», sagte die Schwester beruhigend. In einem «Gebärstuhl» wurde mir dann vor dem Röntgenschirm ein Katheder bis zur Niere hinaufgetrieben. Einfach so, daß ich das Winseln lernte. Daher hätte ich jetzt gern gewußt, was nach den beiden Besuchen folgen würde. Am späten Nachmittag löste sich das Rätsel. Man habe beschlossen, sagte die Schwester, den einen Schlauch aus der Wunde herauszunehmen. Was das nun bedeute, wollte ich wissen. «Ein Schlauch weniger ist ein Fremdkörper weniger in Ihrem Bauch», war die Antwort. «Immerhin das.» Ich versuchte, erleichtert zu sein. Lieber wäre mir gewesen, wenn mir der Arzt die Information – anstandshalber im voraus – gegeben hätte.

Am dreißigsten Tag: Für mich wird das Problem der Information immer drängender. Es fehlt ganz einfach die menschliche Beziehung zum Arzt, das Gespräch mit ihm. Ich spüre, daß das psychische Wohlbefinden eines Patienten davon abhängt und daß es ein wichtiger Teil des Heilungsvorgangs ist. Zuweilen frage ich mich auch, ob es im Spital unwichtige und wichtige Patienten gebe, solche, mit denen man spricht, und andere, denen man Information nicht zutraut. Jedenfalls sehe ich in der vorherrschenden Beziehungslosigkeit Arzt–Patient in diesem Haus einen gravierenden Mangel. Beziehungslosigkeit gilt also nicht bloß für den Doktor in der Stadt, der die Patienten in einer Kolonne durch seine Praxis schleust, sondern auch für das Spital, wo die Betten numeriert und die Ärzte antiseptische Halbgötter sind.

Der erste Teil meines Spitalaufenthalts war jedenfalls beherrscht vom Kampf um Informationen über meinen Zustand, den meine Angehörigen führen mußten. Was hat die Operation ergeben? wollten sie wissen. Und: Wie schwer ist die Krankheit eigentlich, und was gedenkt man weiter zu tun? Nur vage Auskünfte waren die Antwort: «Der Nierenraum ist vergiftet. Mit der Operation versuchten wir, die kranke Niere zu retten.» Auf Wiedersehen!

Ein vielstöckiges Spital ist ein anonymer Gesprächspartner. Man fragt vergebens, telefoniert und wartet auf Verbindungen, die man nie bekommt, und aus der Verzweiflung wird schließlich Wut. Der einweisende Arzt des Bezirksspitals hatte sich uns als Informationsvermittler angeboten. Von Kollega zu Kollega erfährt er, welcher Art die mit der Operation begonnene Therapie sei. Unabgesprochen haben sich gleichzeitig auch meine Angehörigen telefonisch an den gleichen Oberarzt um Auskunft gewandt und endlich vagen Bescheid erhalten. Dieser Vorstoß von außen scheint ihn wütend gemacht zu haben. Gestern mittag tauchte er plötzlich mit gerötetem Kopf neben meinem Bett auf: «Es fehle Ihnen an Informationen über Ihre Krankheit, habe ich soeben gehört», sagte er. «Nun gut: Sie haben ein Loch in der linken Niere (das habe ich bisher nicht gewußt). Dieses Loch versuchen wir nun zu heilen. Sie sind viel zu spät hierhergekommen. Sie waren vergiftet. Um zwei Uhr nachmittags wurden Sie eingeliefert, und um halb vier haben wir mit der Operation begonnen. So etwas gibt es sonst nicht in diesem Haus. Es war eine Notoperation. Merken Sie sich: Als Sie eingeliefert wurden – wer hat Sie eigentlich vorher behandelt? –, waren sie ein todkranker Mann. Weder Sie, noch Ihre Angehörigen hatten davon eine Ahnung. Sie waren ein Todeskandidat. Mehr als 24 Stunden hätte ich Ihnen nicht mehr gegeben. Nun wollen wir eben sehen, was sich machen läßt.»

Die Pointe setzte er nicht hinter seine gereizte Rede, doch sie stand im Raum: Sie haben Informationen gewollt, nun gut, Sie sollten sie haben.

Am dreiunddreißigsten Tag: Die «Therapie», die in 85 Prozent der Fälle erfolgreich verlaufen soll und von der ich selber vor allem soviel weiß, daß sie mich seit vier Wochen zu bedingungslosem Liegen zwingt, müßte meine Niere retten. Es ist schwer, liegen zu müssen, wenn man eigentlich auch aufstehen könnte, und es ist aufreizend, liegen zu müssen, wenn man die «Therapie» nicht kennt. Die ständige Ermahnung, «Geduld» zu haben, ersetzt keine Information. Wochenlang auf anderthalb Quadratmetern zu liegen, darauf alle Bedürfnisse besorgen zu lassen, deren der (noch) lebende Mensch bedarf, das tut man nicht freiwillig. Dazu ist entweder Zwang oder aber Motivation nötig, das heißt das genaue Wissen, warum die Schikane zu ertragen ist. In meinem Fall ist es nur noch der Zwang, um so mehr, als jener Katheder, der nicht verrutschen sollte, offenbar nicht hergibt, was er müßte. Dennoch während vier Wochen die strikte Weisung: ich hatte zu liegen.

Nun geschah heute aber etwas Eigenartiges. Am Vormittag rief mich das Schweizer Fernsehen an. Ob ich in der Reihe «Privat im Staat», die gegenwärtig gedreht werde, zur Frage des Einflusses organisierter Interessen in der Politik – das Thema meines letzten Buches – Stellung nehmen würde. Es gehe bloß um einen Beitrag von drei bis vier Minuten. Ich bin einverstanden – er müsse halt mit der Kamera zu mir ans Bett kommen, sage ich Toni Rihs. Er meint, er wolle sehen, was sich machen lasse. Und tatsächlich: Am frühen Nachmittag kommen zwei Schwestern aufgeregt ins Zimmer, holen mich aus dem Bett und stecken mich in meine Privatkleider. Das Fernsehen sei da. Der Chef habe die Einwilligung zum Aufstehen gegeben und den Aufenthaltsraum für die TV-Aufnahme reserviert. Gestützt von den beiden Schwestern, humple ich dorthin und stelle fest, daß sich in den Gängen eine veritable TV-Show mit Kameras, Scheinwerfern und Beleuchtungsgeräten abspielt. Da saß ich nun im weichen Sessel vor der Kamera – ich saß und lag nicht mehr. Nach mehr als vier Wochen. Das war nett vom Chef. Es gibt also doch noch Wunder, denke ich, und staune ob der Macht des Fernsehens im Spital.

Am dreiundfünfzigsten Tag: Wenn nicht alles trügt, geht meine Spitalzeit dem Ende entgegen. Zurückblickend stelle ich fest, daß das TV-Intermezzo entscheidende Bedeutung auf mein Spitaldasein hatte. Einmal markierte es das Ende nicht nur meiner Liegezeit, sondern auch der «Therapie». Nun stand fest, daß der Versuch, meine Niere zu retten, mißlungen war, daß eine weitere Operation – zur Entfernung der Niere – bevorstand. Vier Wochen Warten auf die «Therapie» und dennoch der Verlust des Organs.

Was aber mit dem Auftreten der TV an meinem Bett ebenfalls ein Ende nahm, das war meine Anonymität. Ich war nun der Patient, der ein Buch geschrieben hat und für den sich das Fernsehen interessiert. Ich war interessant geworden. Ein Patient, den jetzt die Ärzte ansprachen, die weißen Gestalten wurden mitteilsam. Bei der zweiten Operation gab es kaum noch Geheimnisse, ich war ein Patient, dem man Informationen zutraute.

Im Bühnenstück «Trauma» des Werktheaters Amsterdam war vom Patienten zu hören, «der erfolglos seine Menschlichkeit gegen das Machtdenken und die arrogante Intellektualität der Institution Spital» zu bewahren versuchte. Ich möchte nicht soweit gehen. Es gibt Ärzte, die den menschlichen Kontakt zum Patienten bewußt pflegen und sie über ihre Krankheit aufklären. Ich habe nun aber erlebt, daß die Ärzte in den Spitälern zur Anonymität neigen. Die wissenschaftliche Pflege des «Objekts Krankheit» ist ihnen alles. Dabei vernachlässigen sie aber das Wichtigste: den mündigen Menschen, der zum Leben nicht bloß die Freiheit von der Krankheit braucht, sondern ebensosehr die Pflege seiner Persönlichkeit.

(Tages-Anzeiger-Magazin, 10. 3. 1984)

35

Wir Außenseiter

Neben vielem andern rund um das Bundeshaus und die 25 Kantone gibt uns in den letzten Jahren auch die Außenpolitik mehr und mehr Probleme auf. Es liegen in diesem Bereich etwa ein halbes Dutzend Themen vor, von denen die Fragen europäische Sicherheitskonferenz, Unterzeichnung des Nonproliferationsvertrags und Integration zurzeit von den Diskussionskomplexen Uno-Beitritt und Unterzeichnung der Menschenrechtskonvention überschattet werden. Es ist bekannt, daß der Bundesrat in mehreren Beratungen über einen Uno-Bericht an das Parlament sich das Leben sauer macht und daß die politische Offizialität mit Glacéhandschuhen das Volk für die Unterzeichnung der Menschenrechtskonvention zu formen versucht. Eines ist nämlich auffallend: Die öffentliche Meinung scheint sich nirgends mit jener der Regierung zu decken.

Uno: Fahrt ins Blaue

Diese Nichtübereinstimmung ist wohl eine politische Entwicklungsfrage. Die *Volksmeinung* scheint in ihrer Mehrheit jene populäre der Réduitjahre geblieben zu sein: Tue recht und scheue jedermann. Dem Bundesrat ist es aber aufgetragen, zuweilen auch an der heutigen Welt Maß zu nehmen. Das scheint insgeheim zur Ansicht geführt zu haben, wir müßten nun doch einen Beitritt zur Uno ernsthaft erwägen, wenn wir unsere Außenseiterrolle in der politischen Welt nicht zu sehr strapazieren wollen. Der Weg von dieser Erkenntnis bis zum Uno-Beitritt ist – denn er führt über das Volk – mit Taktik gepflastert. Aus taktischen Überlegungen dürfte der Bundesrat in seinem Bericht den Beitritt *noch nicht* vorschlagen, sondern zuerst einmal lieb von der Uno reden, desgleichen von unserer Solidarität und von den Vorbehalten zugunsten der Neutralität. Man muß ja nun zuerst einmal dem Volk einen anderen Sinn beibringen. Die Europa-Union stieg dabei keck und engagiert mit einer *Petition* in die Arena, während die Schweizerische Gesellschaft für die Vereinten Nationen ihren Vereinszweck offensichtlich bloß mit Taktik erfüllen will.

In der Presse macht sich zuweilen einer – wie kürzlich Professor Dr. Fritz Marbach in einem «auf Anregung der Schweizerischen Politischen Korrespondenz geschriebenen» Artikel – zum Sprecher der vermutlichen Volksmehrheit: «Ein Beitritt zur Uno brächte uns keine wesentlichen Vorteile», schreibt er, «dafür außenpolitische Reibereien.» Die Uno sei funktionsuntauglich, heißt es weiter, und «der Beitritt käme einer politischen Fahrt ins Blaue gleich». Das sind genau die populären Formulierungen, die überall noch «ziehen».

Die andere aktuelle Sache sieht so aus: Sollen wir die Europäische Menschenrechtskonvention unterschreiben oder nicht? Das heißt, sollen wir die Einführung des Frauenstimmrechts und die Streichung der konfessionellen Ausnahmeartikel *abwarten,* bevor wir unterschreiben?

Auch das ist wieder eine Frage der Taktik. Ist es taktisch klug, die Unterschrift mit Vorbehalten unter das Dokument zu setzen und damit wenigstens dabei zu sein, und vor allem: Wie soll man den Frauen taktisch begegnen? Während der Bundesrat die Unterschrift mit Vorbehalten setzen möchte, sind nämlich viele Frauen dagegen. Aus taktischen Gründen auch sie – denn das könnte, wie sie glauben, die Einführung des Frauenstimmrechts verzögern. Das Parlament hat nun das Wort. Die Evangelische Volkspartei schloß sich bereits der Meinung der Frauen an. Wenn nicht alles trügt, wird sie aber in der Minderheit bleiben. Im Vordergrund steht jetzt das Problem zu lösen: Wie bringt man es den Frauen am besten bei, daß ihnen so oder so nur das Warten bleibt?

Gouvernementaler Realismus

Wir stehen also vor dem Phänomen des in der Außenpolitik zur *Öffnung nach außen* drängenden Bundesrates, der sich am Kalvarienberg der Volksaufklärung den Kopf zerbricht. Er stand schon mit Bundesrat Wahlen auf einem Vorgebirge und ist nun mit dem erfreulich offensiven Bundesrat Spühler bis zu den ersten Steilhängen vorgestoßen. Es ist sicher, daß diese Tour ihn noch oft zum Schwitzen bringen wird.

Für uns steht aber auch fest, daß hier keine romantisch-politischen Beweggründe vorliegen. Sie machen vielmehr den helvetischen gouvernementalen Realismus, der die Bastionen Solidarität und Neutralität geschaffen hat, alle Ehre. Die schweizerische Außenpolitik hat nämlich ganz einfach *eine Kurskorrektur* notwendig, damit sie nicht allzu sehr auf einsame Fahrt abseits der übrigen «Flottenverbände» gerät.

Die «Wilden» . . .

Menschen oder Firmen, die sich bei uns außerhalb der Berufs- oder Wirtschaftsverbände halten, pflegt man despektierlich als «Wilde» zu bezeichnen. Wie steht es denn in dieser Beziehung mit der Schweiz in der Welt? Sind wir «wild», asozial?

Jedenfalls sind wir Außenseiter. Wir können aus dem geltenden und vom Volk gestützten Status heraus weder der Uno (Neutralität) noch der Menschenrechtskonvention (Frauenstimmrecht, konfessionelle Ausnahmeartikel) *ohne Vorbehalt* beitreten. Andere Neutrale können es ohne Extrawürste. Wir konnten und können (aus unserem außenpolitischen Rechtsstatus heraus) auch andere Solidaritätsaktionen nicht mitmachen – von den Völkerbundssanktionen gegen Abessinien bis zu jenen der Uno gegen Rhodesien. Auch Blauhelme als Dienst am Weltfrieden sind uns eher suspekt geblieben, und die Zurückhaltung verbietet es sogar, einen Aufruf des harmlosen Europarats zugunsten der Demokratie in Griechenland zu unterstützen. (Man müsse doch etwas Verständnis haben, denn Demokratie sei in Griechenland immer etwas anderes gewesen, sagte der inzwischen zum Europarats-Präsidenten avancierte Olivier Reverdin).

Das alles ist bei pragmatischer Auslegung der vom Volk sanktionierten helvetischen außenpolitischen Theorien möglich. Das und noch mehr. Zum Beispiel auch, daß neben dieser offiziellen Zurückhaltung *Private* ruhig Waffen in fremde Kriege liefern oder daß unsere Banken das Diktaturregime in Griechenland mit Krediten unterstützen.

Solch böse Kombinationen, wie wir sie hier gemacht haben, lassen sich mit unserer Außenpolitik aus der Seelenlage des Außenseiters heraus anstellen. Sie sind sogar notwendig, wenn man dem Bundesrat bei seiner Kurskorrektur helfen will.

(Tages-Anzeiger Zürich, 7. 6. 1969)

Wo stehen wir heute in Europa?

Im Herbst des vergangenen Jahres fragte der Bündner Nationalrat Luregn Cavelty in einer Interpellation den Bundesrat, ob angesichts des direkt gewählten Europaparlaments die *wirtschaftlichen Interessen* der Schweiz mit den bestehenden Integrationsverträgen noch genügend gesichert seien und welche *Bedeutung dem Europarat* noch verbleibe. In diesem von 21 europäischen Parlamenten beschickten Rat ist auch die Schweiz vertreten, im Europäischen Parlament der EG, die zurzeit neun Staaten umfaßt und bald den Zuwachs von Griechenland, Spanien und Portugal erhält, dagegen nicht. Die Fragen drängen sich auf, denn wir leben mitten unter Nachbarn, die auch ohne uns vor allem wirtschaftlich, aber auch politisch einen Zusammenschluß *in die Wege geleitet* haben. Das soeben konstituierte Europaparlament ist – ob es nun friedlich diskutiert oder zankt – ein Meilenstein auf diesem Weg.

Dramatik unterschätzt

Der Bundesrat hat dem Interpellanten geantwortet, eine präzise Beurteilung der neuen Lage werde erst nach vollzogener Erweiterung der Gemeinschaft möglich sein. Weniger die Tatsache, daß nun ein volksgewähltes Parlament in das Kräftespiel der EG einzugreifen beginnt und damit das demokratische Element verstärkt, macht ihm Eindruck, als *die Erweiterung* des Wirtschaftsraumes EG. Diese Haltung ist auch in den Aussagen von Minister Franz Blankart zum Ausdruck gekommen. «Wir werden fortfahren», schreibt der Bundesrat in der Interpellationsbeantwortung, «gegenüber unseren westeuropäischen Wirtschaftspartnern eine akute Integrationspolitik zu betreiben, deren Merkmal darin besteht, durch vorgängige Konsultationen die Normen und Maßnahmen aufeinander abzustimmen und durch ausgewogene Verträge die Diskriminierungen auf der Grundlage der Gegenseitigkeit auszuschalten.» Zu gegebener Zeit werde er auf diese Problematik zurückkommen.

Cavelty ist nach dieser Antwort, wie er erklärte, der Meinung, der Bundesrat habe angesichts der Direktwahlen und der Ausweitung der EG von neun auf zwölf Mitglieder die Dramatik dieses politischen Geschehens *zu wenig beachtet* – auch er werde darauf zurückkommen. Europadebatten stehen also bevor.

Gefahr der Isolation

Nachdem er im vergangenen November mit dem Bundesrat in Bern Gespräche geführt hatte, lobte der Präsident der EG-Kommission, *Roy Jenkins,* zwischen der Schweiz und der Europäischen Gemeinschaft habe «immer ein Verhältnis des gegenseitigen Verständnisses und der Solidarität» bestanden. «Die konstruktive Haltung der Schweiz» zum Beispiel bei den Bemühungen zur Herstellung geordneter Währungsverhältnisse sei bemerkenswert.

Bloß zehn Tage später bezeichnete jedoch Minister Blankart am Jahreskongreß der Europa-Union die Situation der Schweiz angesichts der EG als *zunehmend prekärer* werdend. Es bestehe die Gefahr, wurde in Presseberichten aus Blankarts Voten rapportiert, daß die Schweiz immer mehr «nach Brüssels Geige tanzen» müsse. Die Tendenz beruhe darauf, daß die Zahl der Staaten, mit denen *bilaterale Abkommen* getroffen werden könnten, durch die Zunahme der Zahl der EG-Länder immer kleiner werde. Entscheide des EG-Gerichts hätten die Freiheit der EG-Länder zum Abschluß solcher Abkommen *stark eingeschränkt.* Das Abseitsstehen von einer zunehmend integrierten EG birgt also auch nach der Meinung hoher Bundesbeamter die ernste Gefahr der Isolation.

Die Winkelried-Rolle

Außenpolitik ist kalte Realpolitik. Ein Staat gibt Vorteile nur preis, wenn er dafür andere einhandeln kann. Ideale sind Staffage, aber als solche können sie wirksam sein. Das ist eine Behauptung, die sich gerade auch an Beispielen der EG-Staaten beweisen läßt. Die *schweizerische Integrationspolitik* ist Realpolitik: «. . . durch ausgewogene Verträge die Diskriminierungen auf der Grundlage der Gegenseitigkeit auszuschalten», heißt es im oben zitierten bundesrätlichen Credo. Wir haben es in dieser Politik mit einer schweizerischen Reaktion zu tun: mit der Abwehr gegen eine Bewegung, die uns bedrängt. Nämlich mit der Bewegung zu größeren wirtschaftlichen Räumen auf dem Kontinent, innerhalb denen übernationale Entscheide getroffen werden. Vor allem geht es um die *Abwehr von Sachzwän-*

gen, die sich für uns aus Beschlüssen ergeben, welche die Nachbarstaaten ohne die Schweiz auf dem Weg zur politischen Harmonisierung gefällt haben. In einer dereinst zu preisenden Geschichte der europäischen Integration wird es also keinen helvetischen Wilhelm Tell zu feiern geben, höchstens einen Winkelried.

Wird Realismus allein genügen?

Zusammen mit den andern Neutralen müssen wir uns heute mit dieser Rolle auseinandersetzen. Sie ist realpolitisch begründet, hat aber ihren Preis. Mit der zunehmenden Stärkung der EG stehen wir *neben* dem direkten Geschehen und wird der Kontakt zur Nachbarschaft künstlicher, ist er auf Verträge angewiesen. Die Tätigkeit im Europarat wird zum einzigen Ort, an dem Entscheide ohne uns nicht gefällt werden, wo wir im Plenum mitreden dürfen. Und die Stellung dieses Europarats muß sich neben der größer gewordenen EG und ihrem neu gewählten Parlament auf lange Sicht erst noch festigen. Bundesrat Aubert hat auf seiner USA-Reise die Amerikaner nachdrücklich darauf aufmerksam machen müssen, daß *Europa nicht nur aus dem «Europa der Neun»* bestehe, sondern daß es auch noch das «andere Europa» gebe. Die Integrationsbewegung hat also Zukunft und Ansehen.

Und da wird plötzlich die andere, die idealistische Komponente der europäischen Außenpolitk – *die Europaidee* – sichtbar. An dieser Komponente haben wir keinen Anteil, und gegen ihre politischen Auswirkungen ist im bundesrätlichen Credo auch kein Mittel enthalten. Das könnte den Preis für unsere Neutralität, für unseren Föderalismus und die formale Unabhängigkeit in die Höhe treiben. In Straßburg ist in den letzten Tagen das eigenartige und effiziente Zusammenwirken von europäischer Realpolitik und europäischer Idee erstaunlich deutlich geworden.

Wir sollten das nicht unterschätzen und werden uns wohl bald vorsehen müssen.

(Tages-Anzeiger Zürich, 21. 7. 1979)

Umweltschutz ist mehr als nur Menschenschutz

Da fahre ich durch die einmalig schöne Rheinlandschaft in *Eglisau*, wo zurzeit die Gemüter so bewegt wie die Rheinwellen sind, und lese auf einer großen Tafel am Straßenrand: «Menschenschutz ist Umweltschutz!». Diese «Kampfparole» im dortigen Abstimmungsstreit stimmt mich nachdenklich. Für eine dritte schwere Brücke auf kleinstem Raum und gleichzeitig für Umweltschutz zu sein – ist das nicht merkwürdig? Da kommt mir auch die Autobahndiskussion im Knonauer Amt in den Sinn. Dort und noch an vielen andern Orten wird auf die gleiche merkwürdige Art mit dem Umweltschutz gefochten.

Und nun wird in Eglisau also auch noch mit dem Menschenschutz argumentiert. Untereins wird mir bewußt, daß diese ganze Straßen- und Brückenbauerwirklichkeit tatsächlich nichts anderes darstellt als eine egoistische Form des «Menschenschutzes». Ist das aber wirklich auch Umweltschutz?

Vor rund fünfzehn Jahren, als die Menschheit schockiert die Begrenztheit der Ressourcen dieser Erde entdeckte und wir in der Schweiz mit gewaltigem Eifer Kläranlagen zu bauen begannen, traten auch Diskussionen über den *Begriff Umweltschutz* in eine Intensivphase ein. Man zog den Soziologen Max Horkheimer zu Rate, der, freilich auch erst nach langem Nachdenken, zur Überzeugung gelangt war, der Mensch gewinne erst dann seine wahre Freiheit, wenn er zur *Versöhnung mit der Natur* zurückfinde. Manche wiesen sogar noch deutlicher darauf hin, der Mensch sei bloß *ein Glied* in der zusammenhängenden Welt des Lebendigen, und zwar, wie der Berner Konrad Eugster im NHG-Jahrbuch 1972 schrieb, «das fragwürdigste, das gefährdetste und das gefährlichste Glied». Diese zentrale Überlegung fand indessen in unserem Umweltbegriff kaum Eingang. Immer noch steht der *Mensch fast allein im Zentrum* des Umweltschutzes, wie wir ihn verstehen. Die einst angestrebte Gesinnungswende fand nicht statt. Erhaltung und Wohlfahrt des Menschen blieben in der technischen Entwicklung und ihren Auswüchsen das einzige Ziel.

Genau unter diesem einseitigen Denken leiden wir heute. Einem Denken, das übersieht, daß wohlverstandener Humanismus alles Lebende mit einbeziehen und auf diese Weise auch für «die Umwelt» verantwortlich sein muß. Die Bindung an die Natur ist ein wichtiger Teil unserer Kulturgeschichte. Wir brauchen nicht einmal auf die Vorzeiten mit ihren mystischen Vorstellungen zurückzugreifen, um den Respekt vor der Natur noch voll intakt zu finden. Auch in unseren direkten Vorfahren war der Instinkt wach, der einen brutalen Eingriff in die Natur verbot. Uns, die wir dauernd von «Umweltschutz» reden, bleibt es vorbehalten, Frevel zum Beispiel an den Bannwäldern der Berge zu begehen.

Die Fortsetzung dieses Gedankenfadens führt zu jener schlimmen Enttäuschung, die uns falsches Umweltschutzverhalten zurzeit beschert. Weder die von uns erdachten ethischen oder religiösen Normen noch ein vom Selbsterhaltungstrieb diktierter Verstand vermochten die inzwischen ausgefallenen *instinktiven* Hemmungen zu ersetzen. Der Versuch, an der Stelle der irrationalen Gebundenheit *ethisches* Verantwortungsbewußtsein wirksam werden zu lassen, hat kläglich versagt. Die Steinzeit ist vorbei, auf den Instinkt ist heute kein Verlaß mehr, und unser «Umweltschutz» wird von einem einseitigen Pseudohumanismus gelenkt. Das kann nicht gut gehen.

Ich bin stolz darauf, daß Uno und Europarat Menschenrechtskonventionen (wenigstens verbal) zu weltweiter Anerkennung verholfen und damit auch den Gedanken der Menschenwürde aufgewertet haben. Das ist *eine* Sache. Das Problem eines einseitigen und erst noch domestizierten Humanismus ist *eine andere*. Bald steht eine Übermacht von fünf Milliarden Menschen (160 pro Quadratkilometer sind es in der Schweiz) im Wettstreit mit den andern Lebewesen und den unwiederbringlichen Schönheiten der Schöpfung. Wenn wir unseren egoistischen Machtwillen noch unter der Flagge eines *scheinheiligen Umweltschutzes* weiter wüten lassen, dann ist das Ende nicht abzusehen. Die besondere Gefährlichkeit der abendländischen Technik beruht darauf, schrieb Eugster weiter, «daß der Mensch, der sie trägt, jedes Mißtrauen verdrängt hat, sich der Natur gegenüber nicht mehr schuldig fühlt und beinahe nur noch menschliche Ziele im Auge hat und glaubt, ihnen ungehemmt nachgehen zu dürfen». Wie recht er hatte.

Nichts ist einem Gemeinwesen abträglicher, als wenn schlaue Leute als weise gelten, sagte einmal der englische Philosoph und Staatsmann Francis Bacon. Auch dieser Ausspruch, anwendbar auf viele Abstimmungskämpfe in unserer Demokratie, kam mir angesichts der Eglisauer Affiche am Straßenrand in den Sinn. Im gegenwärtigen Seilziehen um den Straßenbau, meist unter dem Siegel des falsch verstandenen Umweltschutzes, ist dringend zwischen «schlau» und «weise» zu unterscheiden. Umweltschutz ist endlich weitergespannt denn bloß als Menschenschutz zu verstehen.

(Tages-Anzeiger Zürich, 26. 2. 1985)

Kanada macht es besser

Über kanadische und schweizerische Schutzgebiete

Zwei Unterschiede zwischen dem kanadischen und dem schweizerischen Naturschutz sind offensichtlich: Kanada schützt in seinen Parks die Natur bewußt als Erholungsgebiet für die Menschen; wir in der Schweiz schützen die Natur für die Forschung und um sie vor der Zerstörung zu retten. Das ist das eine. Und das andere: Kanada wagt es, der touristischen Übernutzung entgegenzutreten – wir nicht.

Der erste Eindruck in den kanadischen Städten und Städtchen läßt freilich nicht auf ein umweltfreundliches Volk schließen. An unseren europäischen Erlebnissen der letzten Jahre gemessen, liegt der kanadische Lebensstil nicht besonders gut. Er ist zu extrem horizontal organisiert: riesige Einfamilienhausreihen mit Gärtchen und kilometerlangen Straßen. Freundlich und farbig zwar, aber fladig breit und fast nicht zu erwandern. Das Problem des Nahe-beisammen-leben-Müssens scheint sich hier noch nicht gestellt zu haben. Die Ortschaften sind von hektarenweiten Tankstellenlandschaften beherrscht. Zusammen mit den Supermarkets die wichtigste Infrastruktur. Niemand geht zu Fuß. Alles fährt mit dem Auto: der Mann zur Arbeit, die Frau zum Einkauf, das Kind mit dem Schulbus zur Schule. Eine Autogesellschaft ohnegleichen. Zwanzig Prozent der Haushalte besitzen mehr als einen Wagen. Benzin ist noch relativ billig, der Motor wird laufen gelassen. Der Kanadier glaubt offenbar, sich Monoxyd leisten zu können, denn die 22 Millionen Menschen, die auf einer Fläche von fast zehn Millionen Quadratkilometern leben, verbrauchen weniger Sauerstoff, als ihre Vegetation produziert.

Die Kanadier können sich auch ungeniert ausbreiten, denn ungeheuer viel Raum steht ihnen offen. Das ist das Beeindruckende auf einer Kanadareise: die grenzenlose Weite dieser Welt, in die der Mensch noch gar nicht ganz eingedrungen ist. Hier, im Norden des amerikanischen Kontinents, wo die freundliche Erde langsam ins arktische Eis übergeht, ist er sozusagen ins Leere gestoßen. Selbst innerhalb des südlichen 7-Provinzen-Gürtels des modernen Kanadas, zwischen dem 50. und dem 60. Breitengrad, ist die Tiefe des Raumes an manchen Orten noch heute größer als der Arm der Zivilisation.

Daß in diesem Land des natürlichen Überflusses auch ein ausgeprägter Sinn für praktischen Naturschutz vorhanden wäre, ist nicht ohne weiteres zu erwarten. Man fährt zwar viel Auto (freilich anständiger als bei uns), vernachlässigte bisher offenbar den öffentlichen Nahverkehr, schneidet hundert Meter breite Schneisen in die Wälder, um eine zehn Meter breite Straße zu bauen, schlägt bei der Holzgewinnung riesige Flächen kahl – gleichzeitig beauftragt man aber den Staat, die Natur in Schutz zu nehmen. Es ist jene «Arbeitsteilung» zwischen Individuum und öffentlicher Hand: Der Staat schafft einen Ausgleich für das, was seine Bürger verderben. Es ist eine Arbeitsteilung, wie man sie in der ganzen Welt immer wieder findet. In Kanada unterscheidet sie sich nur dadurch, daß der Staat mit beachtlicheren Rechten ausgestattet wird, um den Ausgleich zu schaffen. Kanada ist seit 1969 das Land mit den meisten Naturschutzreservaten der Welt. Es ist aber auch das Land, in dem die Nationalparkbewegung von der Bevölkerung getragen wird. Was die Kanadier hier begonnen haben und in der neuesten Zeit zu forcieren versuchen, nämlich Naturraum vor Kommerzialisierung und Ausbeutung zu schützen, müßte auch uns in der Schweiz sehr interessieren.

Eine Idee aus den USA

Die Idee, daß der Staat zum Schutz der gefährdeten Natur ein Gebiet unter seinen Schutz stellen könnte, stammt aus den Vereinigten Staaten. 1872 wurde dort durch Bundesakte das Yellowstone-Gebiet zum Nationalpark erklärt. Nur wenige Jahre danach, 1885, schuf die kanadische Regierung den Rocky Mountains Park im Gebiet von Banff. Um diesen kleinen Kern gruppierte sie schon bis zur Jahrhundertwende ein System von vier weiteren Nationalparks, darunter den 11 000 Quadratkilometer großen von Jasper. In den drei ersten Jahrzehnten des Jahrhunderts wurden neun weitere Parks geschaffen.

In der Schweiz wurden in dieser Zeit die Naturschönheiten durch private Initiative erschlossen. Die «Fremdenindustrie» baute sich auf. Sie schützte nicht in erster Linie die Natur, doch sie verdarb sie wesentlich weniger als der hemmungslose Bauboom der letzten zehn Jahre. Jene erste Zeit war jedoch insofern bestimmend, als der liberale Staat nicht daran dachte, Parkgebiete auszusparen und in der Nutzung zu beschränken. Der Wille, die Schönheiten der Natur zu schützen, war in gewissen Kreisen aber vorhanden. Daher führten Bestimmungen der Schweizerischen Naturforschenden Gesellschaft über Verträge mit Unterengadiner Gemeinden und die spätere Mithilfe des Bundes noch vor dem Ersten Weltkrieg zur Schaffung des schweizerischen Nationalparks. Er war einer der ersten in Europa und umfaßt ein Gebiet von 160 Quadratkilometern. Im «Bundesbeschluß über den schweizerischen Nationalpark im Kanton Graubünden» setzt Artikel 2 die Absicht: «Der Nationalpark ist ein Naturreservat, in dem die Natur vor allen nicht dem Zwecke des Reservates dienenden menschlichen Eingriffen und Einflüssen vollständig geschützt wird und die gesamte Tier- und Pflanzenwelt ganz ihrer freien, natürlichen Entwicklung überlassen bleibt. – Der Nationalpark steht der wissenschaftlichen Forschung zur Verfügung.» In einer von der Eidgenössischen Nationalparkkommission herausgegebenen Beschreibung kommt die Zielsetzung noch deutlicher zum Ausdruck: «Das Gebiet ist für die wissenschaftliche Forschung bestimmt, ist aber auf gewissen, markierten Wegen auch dem naturliebenden Touristen offen.»

An diesem Punkt wird die andersgeartete Zielsetzung der schweizerischen Nationalparkpolitik deutlich. Im kanadischen National Park Act von 1930 steht im Artikel 2 im wesentlichen die Formulierung, die 1964 vom Parlament überarbeitet worden ist und heute gilt: «Nationalparks werden errichtet, um für alle Zeiten die hervorragendsten und einmaligen Naturmerkmale Kanadas *zum Wohle, zur Bildung und Freude* der Kanadier als Teil ihres nationalen Erbes zu bewahren. Sie werden für immer dem einen Zweck bestimmt: als Naturschutzgebiet der Ruhe, Entspannung und Freude zu dienen. Eine Ausbeutung ihrer Schätze zu andern Zwecken ist verboten. Jede Entwicklung muß dem öffentlichen Wohl und der Bewahrung der Parks in ihrem Naturzustand dienen.»

Kanada baut also sein Nationalparksystem nicht nur zum Schutz der weltweit bedrohten Natur auf, sondern es versucht gleichzeitig, diese Reservate als Erholungsräume für die in der modernen Industriegesellschaft ebenso bedrohten Menschen einzurichten. Das ist ein grandioses Rezept auch deshalb, weil es nur mit naturbewußten Menschen zufriedenstellend in die Tat umgesetzt werden kann. Und diesen Menschentyp, der wenigstens in der Freizeit zur Natur zurückkehren und sich ihr einfügen will, versucht man in Kanada zu fördern. Ihm gehören die Parks. Weil sie ihm gehören, soll er sich um sie kümmern. Vor allem aber gehören sie den Tieren, also muß der naturfreundliche Mensch ihnen den Vortritt lassen. All das müßte zu jener ordentlichen Verhaltensweise führen, die man hierzulande etwa von einem echten SAC-Berggänger kennt: Er räumt die Konservenbüchsen zusammen, schont die Pflanzen und Tiere, löscht am Schluß das Feuer, ist dienstbereit und kennt ringsum die Namen aller Berge. Auf den kanadischen Picknick- und Zeltplätzen ist mir jedenfalls die Sauberkeit aufgefallen. Einzig die Bären mit ihrem tierischen Vorrecht haben wenig Verständnis. Sie werfen die Kehrichtkübel um, räumen sie aus und verstreuen den Inhalt. Daher hängt man die Kübel jetzt an kleinen Kandelabern auf, wo sie im Winde baumeln.

Ich habe mich bei meiner Fahrt mit dem Camper auf den Plätzen der Nationalparks sehr wohl gefühlt. Vieles kam mir sogar ungewohnt positiv vor: kein Eintrittsgeld bei der Besichtigung dessen, was die Natur allen Menschen bereithält: der Wasserfälle, Tropfsteinhöhlen und Schluchten. Auch Souvenirläden kommen nicht aufdringlich gehäuft vor. Dafür liegt bei den Feuerstellen auf den Campingplätzen Holz à discrétion bereit. Man fühlt sich fern vom «Abriß» und als individueller Naturkonsument – sofern man nicht im Juli und August die Reise macht, gleichzeitig mit Millionen von Kanadiern und Amerikanern. In dieser kurzen Phase der Hochsaison wird das System vom organisierten Tourismus strapaziert. In der ganzen übrigen Zeit sind die kanadischen Naturschutzparks trotz Bären, Wölfen und Büffeln menschenfreundlich. Die unberührte Natur mit Rübezahlwäldern und unzähligen Seen ist der Betreuung durch den Besucher anvertraut. Die Seeufer gehören nicht wie bei uns wenigen Reichen, sondern der Staat hat sie der Allgemeinheit freigehalten. Prohibitive Verbote fehlen. «You are in bear country!» (Sie befinden sich in einer Bärengegend) heißt etwa eine Ermahnung zur Vorsicht. Symbole auf Tafeln verbieten nicht nur, sie helfen. «Informieren Sie den Parkwächter, wenn Sie auf Bootsexkursion oder Bergwanderung gehen – sonst bezahlt die Versicherung nicht!» Und man kann sich wirklich in den riesigen Wäldern verirren.

Parkkandidaten im Examen

Die kanadischen Nationalparks sind also ganz bewußt als Erholungsräume für das naturliebende und naturachtende Volk angelegt. In den riesigen Northwest Territories wurden von der Regierung jüngst Gebiete ausgeschieden, um sie auf ihre Eignung als Nationalparks prüfen zu können. Man will die natürlichen Werte dieser Parkkandidaten kennenlernen – zum Beispiel: ist die Landschaft schützenswert? – und man untersucht zugleich das «Freizeitpotential» des Gebietes, bevor ein neuer Park geschaffen wird. Wie groß darf der Parkplatz und wie groß der Campingplatz sein, damit der Park nicht «überlaufen» wird? Das ist wichtig, denn zuviel Volk verdirbt das Naturerlebnis. Das hat man bereits erfahren müssen. Zur Kommerzialisierung eignet sich das System also nicht. Dagegen soll es ja gerade einen Damm bilden. Den Massentourismus läßt es nur in dosierter Form zu, wenn es sich nicht selbst aufgeben will. Es ist naheliegend, daß die Parks genau an dieser «Front» zur Privatwirtschaft verteidigt werden müssen.

Die kanadische Nationalparkidee benötigt die Unterstützung des Staates und der Politik, wenn sie sich selbst treu bleiben soll. Der Straßen- und Campingplatzbau zum Beispiel muß ihr untergeordnet und der Über- nützung muß vorgebeugt werden. Die Kanadier haben ihre bisher 28 Parks, deren über 80000 Quadratkilometer Fläche etwa zweimal der Größe der Schweiz entspricht, in fünf *Benützungskategorien* eingeteilt. Die Parks der ersten Kategorie sind für jeglichen Motorfahrzeugverkehr ge- sperrt: die Vehikel müssen außerhalb des Naturschutzgebietes abgestellt werden; natürlich ist dafür der Platz vorhanden. Die Parks der Kategorien zwei bis vier sind als «rural», «semi-rural» oder «semi-urban» eingestuft. Hier liegt der Autoabstellraum im Parkgebiet, und auf wenigen Wegen ist ein eingeschränkter Fahrzeugverkehr gestattet. Die fünfte Kategorie end- lich umfaßt jene Nationalparks, in denen kleinere Siedlungen existieren und daher auch ein wohldosierter Straßenverkehr möglich ist. Auch in die- sem Teil des Systems ist das Bestreben offensichtlich, Natur und Menschen wieder zu integrieren. Dabei muß man beachten, daß die Bewegung erst unter dem Druck des Publikumsinteresses zustande kam. Noch heute ist aber erst ein kleiner Teil der Nationalparkgebiete für das Volk erschlossen.

Die Nationalparks sind dem Minister of Indian Affairs and Northern Development unterstellt, verwaltet werden sie von der National and Historic Parks Branch; so war es schon in der National Park Act von 1930 vorgesehen. In einem 1964 formulierten *Statement* sind genaue Verwal- tungsrichtlinien gesetzt worden. Ein Direktor steht an der Spitze der natio- nalen Parkverwaltung, während die drei Regionen West, Zentral und At- lantik je von einem Regionaldirektor geleitet werden. Ein Oberaufseher, dem Wächter zur Seite stehend, ist verantwortlich für jeden einzelnen Park. In dieses ganze System sind noch über fünfzig historische Parks und historische Orte eingegliedert, in denen Stätten von nationaler Bedeutung und historische Objekte geschützt werden. Dem Touristen fällt diese Pflege der landschaftlichen und historischen Details auch an den Hinweistafeln auf (es gibt insgesamt über 600), die ihn über historische Persönlichkeiten und Ereignisse unterrichten.

Kanada ist ein Bundesstaat wie die Schweiz. Föderalistische Beden- ken vermochten in jenem Land aber nicht zu verhindern, daß der «Bund» dieses großzügige Nationalparksystem aufzog. Ob es eine «Reaktion» auf diese zentralistische Handlung oder bloß eine «vernünftige» Überlegung war? Tatsache ist jedenfalls, daß die Gliedstaaten beim Aufbau mitgeholfen haben, daß sie selbst die Idee übernahmen und eigene Parks schufen. Es gibt unzählige Provincial Parks, in denen ähnliche Bedingungen wie in den Nationalparks herrschen.

Eine zweite Frage stellt sich einem Schweizer angesichts des kanadischen Nationalparksystems: Wie ist ein solch freier Umgang des Staates mit dem Boden in einem kapitalistischen Land möglich? *Eine* Antwort mag so lauten: Weil es sehr viel Land, sogar sehr viel unerschlossenes Land gibt. Damit ist aber *nicht alles* erfaßt. Der Schweizer Nationalpark kam einst zustande, indem eine private Vereinigung den Boden durch Verträge mit den Gemeinden sicherte. Hernach stellte sich der Bund dahinter. Er bezahlt den Gemeinden Beträge für den Nutzungsausfall. Im kanadischen National Park Act von 1930 aber sagt der dritte Abschnitt des Artikel 6, der beratende Gouverneur könne den Minister ermächtigen, jeden Boden und dessen Dienstbarkeiten für den Zweck eines Parks zu kaufen, zu enteignen oder sonst zu erwerben. Und im gleichen Artikel wird festgelegt, daß Parkgrund nicht zu privaten Zwecken abgegeben werden darf. Ausgenommen ist die Errichtung öffentlicher Werke, wie Pipelines, Eisenbahnen oder Telefon. Die Grundstücke haben jedoch weiterhin Teil des Parks zu bleiben. Wenn sie nicht mehr benötigt werden, fallen sie «an die Krone» zurück. In der Schweiz erschwert das Bodenrecht ein wirksames Eingreifen des Staates zur Schonung der Natur. In Kanada ist «Kronland» Staatsboden. Neunzig Prozent der riesigen Waldungen zum Beispiel befinden sich im Staatsbesitz. In der Schweiz trifft das im übertragenen Sinne teilweise ebenfalls zu, doch ist bei uns «der Staat» die Gemeinde, der Kanton oder die Korporation. Und sie haben es in den entscheidenden Phasen des vergangenen Jahrhunderts unterlassen, durch Parks den lockenden wirtschaftlichen Auftrieb von der Natur fernzuhalten.

Die Schweiz: ein Garten mit Verbotstafeln

Die dritte Frage, die sich uns angesichts des vorbildlichen kanadischen Nationalparksystems stellt, betrifft die Realisierung des Naturschutzes als Idee. In der klassischen Auslegung bedeutet Naturschutz den Schutz der naturnahen Landschaft einschließlich ihrer Tier- und Pflanzenwelt. Naturdenkmalpflege. Wir besitzen in der Schweiz viele Gesetze, die auf diesem Fundament gewachsen sind und überdies die modernen Erfordernisse des Umweltschutzes anvisieren: das Bundesgesetz über den Natur- und Heimatschutz, das Bundesgesetz über die Jagd und den Vogelschutz, das Bundesgesetz über die Fischerei. Die Postulate des Natur- und Heimatschutzes sind aber auch in vielen Spezialgesetzen berücksichtigt; sie setzen Grenzen bei der Nutzbarmachung der Wasserkräfte, beim Nationalstraßenbau, bei der Erstellung von Starkstromanlagen, beim Pipelinebau. Das Gewässerschutzgesetz wirkt im Sinn der Umweltschutzpostulate, ebenso viele Immissionsschutzvorschriften. Der ganze praktische Bereich unseres Alltags wird unter die Lupe genommen. Das macht die Schweiz zu einem Garten; zu einem Garten mit vielen Verbotstafeln. Dadurch wird ein Teil unserer Umwelt auf Hochglanz gebracht.

Das ist der Naturschutz, wie unser Staat ihn zu praktizieren vermag. Es gibt viele, auch im Ausland, die ihn bewundern. Tatsächlich hat er das «Image» der Schweiz als sauberes Land geprägt, und auch er wird von der Volkssympathie getragen. Ist er aber auch das Optimum, das wir zum Schutz unserer Umwelt und der herrlichen Natur, in der wir leben, tun können?

Angesichts der unberührten Naturschönheiten, der Seen und Landschaften in den kanadischen Nationalparks sind mir Zweifel gekommen. Zweifel auch im Hinblick auf die Verhäuselung unserer schönsten Bergtäler, die Verbauung der Seeufer, die unzähligen «Bähnli» auf fast jeden Gipfel, die Verstädterung der Kurorte, die Autostraßen auf die Alpen und den Autosog, der zu den Talstationen der Skilifte *organisiert* wird. Aus Respekt vor der Staatsferne, dem Eigentumsrecht und der Handels- und Gewerbefreiheit verpassen wir es, dort, wo es nötig ist, Schranken zu setzen, die Nutzung der Natur resolut zu beschränken. An einem einzigen Ort haben unsere Vorfahren das vernünftig gemacht: beim Wald. Er wurde 1897 mit dem Eidgenössischen Forstpolizeigesetz praktisch unter Schutz gestellt. Deshalb haben wir – es ist ein wahres Glück – wenigstens vorbildliche Wälder. Der ganze übrige Schutz der Natur in der Schweiz geschieht *zu punktuell*. Uns fehlen ganz einfach größere Naturschutzzonen, in denen die Kommerzialisierung auch ohne «Lex Furgler» und Konjunkturdämpfungsnotrecht unterbunden ist. *Die Eidgenossenschaft müßte die schönsten Alpenlandschaften unter Schutz stellen*, damit unseren Nachkommen auch noch etwas von dem vielen Schönen, das wir übernommen haben, bleibt.

Was sagen die Korporationen und was die Gemeinden und die Kantone dazu? Denken alle nur an ihren Steuersatz, so wie die reichen Gemeinden im Unterland? Hier müßte der Bund Brücken bauen. Die Kanadier liegen mit ihrem Konzept des menschbezogenen Naturschutzes jedenfalls richtig. Übrigens auch im Hinblick auf den Tourismus. Wir werden in der Schweiz den Fremden eines Tages keine wirkliche Natur mehr anbieten können, wenn wir nicht von Kanada lernen.

(Tages-Anzeiger-Magazin, 21. 9. 1974)

Auf dem Mont Racine im Jura

Was dich beißt,
ist in deinen eigenen Kleidern

Zweierlei hat Hans Tschäni ganz nachhaltig geprägt: Seine Herkunft aus
dem Dörfchen Dittingen im Laufental und seine Teilnahme am Aktivdienst.
Das erste machte ihn hellhörig für die Sozialpolitik, die Jurafrage, die Problematik von Randgebieten, für den Föderalismus. Das zweite hielt in ihm
das Interesse wach für Fragen des Patriotismus und des Militärs.

1947 brach der Jurakonflikt aus. 1959, als die Stimmberechtigten des
Kantons Bern über das erste Plebiszit abstimmten (und sich dann auch im
Jura selber eine knappe Mehrheit gegen die Separatisten ergab), verwies
Hans Tschäni ganz verhalten und als einer der ersten auf den Sonderfall
Laufental. Für ihn war schon damals klar, daß sein Tal, das bernisch war,
aber nicht bernisch fühlte, an einem Kanton Jura nicht beteiligt sein wollte,
sondern eher Richtung Basel tendieren würde. Als nach dem zweiten Plebis-
zit von 1974, das im Jura eine Mehrheit für einen eigenen Kanton ergab, die
Laufentalfrage offiziell zur Debatte stand – Verbleib bei Bern? Anschluß an
Solothurn, Baselland oder Basel-Stadt? – nahm Hans Tschäni 1978 eindeutig
Stellung: für Basel-Stadt. Daß er nicht nur an «seinem» Laufental hing, sondern daß seine Liebe auch den Jurassiern galt, die ihm in ihrer Widerborstig-
keit ähnlich sind, zeigt ein Text von 1983.

Der Aktivdienst (1939–1945) ging zwar dem Jurakonflikt zeitlich voraus, aber Hans Tschäni hat erst 40 Jahre später gründlich darüber geschrieben. Daß er aber seit jeher dann und wann mit persönlichen Reminiszenzen
gegen den Strom der öffentlichen Meinung schwamm, beweist der Artikel
von 1976 über Leutnant Jean-Louis Jeanmaire, den späteren Brigadier, der
als Landesverräter wegen Spionage für die Sowjetunion verurteilt wurde.

53

Dittingen –
ein Dörfchen im Laufental

Mein Heimatort – *Dittingen* im *Laufental* – hat 630 Einwohner, viele Kirschbäume und keinen Durchgangsverkehr. Ein Kaff, pflegen die Städter aus Basel zu sagen – ein sympathisches Dörfchen, möchte ich entgegnen. Eine kleine, überschaubare Lebensgemeinschaft mit allen Vor- und Nachteilen.

Tiefes Tal und weiter Wald

Auf dem Weg von *Basel* nach *Delsberg* durchfährt die Bahn das zwanzig Kilometer lange Laufental. Ungefähr in der Mitte, zwischen den Stationen *Zwingen* und *Laufen,* dem Hauptort dieses nördlichsten Bezirks, öffnet sich auf der rechten, westlichen Seite des Talgrunds ein schmales, gegen den Blauenberg aufsteigendes Seitentälchen. Nach etwa anderthalb Kilometer gabelt es sich in zwei Ausläufer, die sich zum sonnigen Südhang des «Blauen» aufschwingen. An dieser Gabelung, der breitesten Stelle des Tales, liegt Dittingen.

Mehr als die Hälfte des Gemeindebannes ist waldbedeckt. Der *Rittenbergwald* an der Ostseite ist Staatswald, das heißt, er gehört dem Kanton und nicht der Gemeinde. Gemeindepräsident *Heinz Buser,* zurzeit Sekretär der Laufentaler Bezirkskommission, ergänzt im Gespräch sofort kritisch: «Die schönsten Wälder sind Staatswälder!» Er sagt nicht, «obwohl sie eigentlich der Gemeinde gehören müßten». Doch ich verstehe ihn, denn ein wesentlicher Teil der Dorfgeschichte rankt sich um das Stichwort «Wald».

Jahrhundertelang waren die freie Jagd wie die Waldnutzung Streitobjekte mit der Obrigkeit gewesen. Noch zwischen 1730 und 1740 hatten die Dittinger mit provozierenden Kahlschlägen in jenem Wald, den der Fürstbischof von Basel als Landesherr beanspruchte, gegen Unrecht und hohe Lasten protestiert. Unter der Führung eines meiner Vorfahren signalisierten die Dittinger damals im *«Tschäni-Handel»* zusammen mit andern Laufentalern, indem sie den Frondienst verweigerten und die Steuern nicht bezahlten, die Unruhe der nahenden *Französischen Revolution*. Mit französischen Truppen schüchterte dann der Bischof die Unbotmäßigen ein; «Hans Tschäni der Rebell» ging haarscharf am Schafott vorbei und landete im Verlies der Burg Pfeffingen.

Heute genießen die 250 Glieder der Bürgergemeinde noch den jährlichen Bürgernutzen: pro Familie ein Stück Land in der Größe von ca. 20 Aren oder dessen Ertrag zur Nutzung sowie pro erwachsene Person einen halben Ster (pro Kind einen Viertelster) Brennholz.

Das Feld mit Flugplatz und Kirschbäumen

Das *Dittingerfeld,* der südwestliche Teil des Gemeindebannes, ist ein klassisches Rodungsgebiet mit alemannischer Vergangenheit. In den Flurnamen – Unter-, Vorder-, Hinterfeld – und im Weg- und Weidesystem sind noch Zeugen der Kollektivlandwirtschaft, der Dreifelderwirtschaft sichtbar. Im Turnus lag jeweils während eines Jahres eines der Felder brach. Rund um das ganze Gebiet, wie im Tal rund um das Dorf und seine Äcker, finden sich die gemeinsam genutzten Weiden. An den Hängen ist ihr Bild geprägt von vielen Kuhweglein; typisch ist aber auch die außerordentlich reichhaltige Flora, zum Beispiel mit seltenen Orchissorten. Auf der Weide am oberen Rand des Dittinger Feldes hat die Segelfluggruppe Zwingen ihren rege genutzten *Flugplatz* eingerichtet, den «schönstgelegenen Flugplatz der Schweiz», wie vor kurzem die «Basler Zeitung» schrieb. Und wirklich: mit ihrer Sicht bis zur Paßwangkette und ins Schwarzbubenland ist diese leicht geneigte Hochfläche ein herrlicher Fleck Erde. Den unteren, südlichen Rand des mit Äckern, Matten und Hunderten von Kirsch- und anderen Obstbäumen bewachsenen Feldes bilden die Kalksteinbrüche.

Die Frage liegt nahe: Warum wohl haben die ersten Siedler diesen abgelegenen Standort im tiefen Tal gewählt? Und warum nicht das herrlich offene und sonnige Dittingerfeld? Die Sicherheit spielte mit: das Fürstbistum Basel war ein Staat ohne Armee, so daß das Laufental direkt am Rand der Eidgenossenschaft gelegen, immer wieder von Kriegerhorden durchzogen wurde. Ausschlaggebend war aber wohl das Wasser. Auf dem Dittingerfeld gibt es keine Quelle. Im karstigen Kalkboden versickert das Wasser. Im Tälchen hingegen gibt es genügend davon. Oft sogar im Überfluß, wenn aus den Weidehängen plötzlich intermittierende Quellen (in der Mundart nennt man sie «Güsch») hervorbrechen und Überschwemmungen das Dorf verwüsten. So nehmen die Dittinger seit Jahrhunderten den steilen Weg mit hundert Meter Höhendifferenz in Kauf, um vom Dorf im Tal zu ihren Äckern aufs Feld zu gelangen. Rund ums Dorf selbst gibt es nur Pflanzplätze; man nennt sie «Bünne».

Nach der einstigen Standortwahl beweisen die Dittinger jetzt auch Standorttreue. Als sie kürzlich das Wasserversorgungsnetz restaurierten, stellten sie das neue Reservoir der Druckerhöhungsanlage an den Ritterberghang und nicht an die andere Seite des Tales aufs Feld. «Aus Kostengründen?» frage ich die Gemeindeschreiberin *Mathilde Jermann*. «Zum Teil ja. Vielleicht aber auch deshalb, weil man wenigstens dort oben nicht bauen kann», war die Antwort. Standorttreue vielleicht aber auch deshalb, weil man auch in dieser Gemeinde vor allem am bestehenden nichts ändern will. Die Schnecken, der Spitzname der Dittinger im Laufental, deplazieren sich (wenn überhaupt) nur langsam.

Der Dorfkern ist geblieben

Dittingen ist, auch wenn es anders scheinen mag, kein Bauerndorf mehr. Nur noch fünf Familien betreiben die Landwirtschaft. Die Großzahl der Einwohner sind Arbeiter und Angestellte. Sie arbeiten als Pendler auswärts.

Die «Rucksackbauern» (Arbeiter und Kleinbauern zugleich) von einst haben es heute etwas besser: Sie geben ihre ererbten Äckerlein den verbliebenen, moderner und größer gewordenen Bauern im Dorf in Pacht und nutzen bloß noch Obstbäume und den Pflanzblätz in Hausnähe. Man ist noch immer Arbeiter oder Angestellter mit Landbesitz, ohne den unmenschlichen Existenzkampf des Rucksackbauern von einst bestreiten zu müssen. Der Hauptberuf ernährt heute seinen Mann doch besser als einst. Das Dorf ist aber Dorf geblieben. Man hat in der Konjunktur sein Bild nicht zerstört. Auch bleibt kein Quadratmeter Boden ungenutzt. Das Dörfchen hat sich vor allem am sonnigen Rittenberghang gegen den Talausgang, den «Dittingerrank» an der Birs, ausgebreitet. Eine schöne Wohnlage wurde im modernen Einfamilienhausstil überbaut. Die Bürgergemeinde verkaufte das Land zu günstigen Bedingungen an ihre Bürger. Dittingen ist daher gewachsen, doch der Dorfkern hat sein Cachet erhalten. Nur die Miststöcke an der Dorfstraße fehlen heute fast alle.

Der Charme des Dorfes

Wie einst tragen die meisten Häuser die elsässisch anmutende Patina. Im Dorf fuhr damals jede Woche quietschend das Konsumauto vor. Es sah wie eine fahrende Badewanne aus und trieb die Hühner in panische Flucht. Auf der regenweichen Kalkstraße bildeten Furchen und Kuhfladen Hindernisse. Morgens hasteten schwarzberockte Frauen zur Messe, bevor sie mit der Hacke auf der Schulter den steilen Hang hinan zum Felde keuchten. In der Primarschule unterhalb der Kirche begann der Unterricht erst nach der Frühmesse. Um halb zwölf zogen dann die Kinder mit Körbchen am Arm in die entfernten Steingruben, um den Vätern das Mittagessen zu bringen. In Dittingen ist nämlich das älteste Gewerbe – die *Steinhauerei.* Von altersher sind die Dittinger Steinhauer geworden und haben im *Schachental* am Südrand des Feldes Blöcke gesprengt und zu Kapitellen, Stürzen, Bänken und Säulen behauen. Von morgens sieben bis nachmittags um fünf haben hier die Rucksackbauern für siebzig Rappen in der Stunde oder im Taglohn ihr karges Einkommen verdient, um auf dem Heimweg über das Dittingerfeld bis zur Dunkelheit weiterzuarbeiten. Sie taten es weder aus Romantik noch aus Habgier, sondern um ihre Familie zu ernähren. Die gute alte Zeit liegt nicht im Rosalicht.

Dennoch ist ein eigenartiger Charme des Dorfes in der Erinnerung geblieben. Er reflektiert sich heute an den weitausladenden Häusern, den Gassen und der Enge des Tales. Ein stiller Ort, ein gewachsener Kreis von Menschen, die sich kennen, sich duzen, sich mögen, sich meiden. Das Wort «Gemeinschaft» war nie zu hören; ein aufgeblähtes Wort, das doch nicht zu halten vermag, was es verspricht. Man lebte zusammen, teilte in Anteilnahme Freud und Leid, aber als Einheit bleibt die Familie. Man aß nur am Fest in der Hütte am gleichen Tisch, und man fiel sich nicht ohne anzuklopfen ins Haus. Anstand und jene Achtung vor der Individualität, die erst lange Freundschaft ermöglicht, gehörte zum alterprobten Lebensstil. Aber es gab Strukturen: Vereine, Familienclans, Freundeskreise, Sympathie und Antipathie spielen im Biotop eine große Rolle. Dieses Gemisch von realem Leben, das einfach so gewachsen und nicht gesucht ist, macht wohl die Nestwärme des kleinen Dorfes aus, die der Dittinger mitbekommt. Sie ist wertvoll, obwohl soviel Nähe auch persönliche Freiheit kostet. Mir ist das Dorf *Heimatort* geblieben.

Dittingen ist heute doppelt so groß wie einst. Viele sind zugewandert. Es gibt neben den eingeborenen Geschlechtern Jermann (Gottfried Jermann hatte am 4./5. August 1947 zusammen mit den Gebrüdern Schlunegger aus Wengen die Eigernordwand durchstiegen), Cueni, Halbeisen,

Angaben zu Dittingen

Das Dorf liegt auf 410 m Meereshöhe, zählt zurzeit 647 Einwohner, von denen 250 Dittinger und 42 Ausländer sind. Von den 114 Schülern gehen 88 in die Primarschule des Dorfes und 20 in die Sekundarschule in Zwingen; 6 besuchen das Gymnasium, das seit kurzem in Laufen steht. In der «gemischten Gemeinde Dittingen» ist die integrierte Bürgergemeinde zuständig für Verkauf oder Vermietung von Bürgerland sowie für den Bürgernutzen. Im fünfköpfigen Gemeinderat gehören drei Mitglieder der CVP und zwei der SP an.

Die Dittinger arbeiten vorwiegend auswärts: 77,5% sind Pendler. Der größte Teil arbeitet im nahen Hauptort Laufen und im Laufental (Papierfabriken, Tonwaren-, Keramik- und Aluminium-Industrie), die zweitgrößte Gruppe in der Stadt Basel oder in Basel-Land. Bei den Nationalratswahlen 1979 erhielt die CVP 61,2%, die SP 29,6% und die FDP 9,2% der Listenstimmen.

Tschäni verschiedene atypische Namen. Manches ist anders geworden. Der Kollektiveinsatz des Dorfes läßt aber weiterhin auf Dorfgeist schließen: die unter Denkmalschutz stehende schöne Kirche wurde renoviert, eine Turnhalle und sogar ein Schwimmbad wurden gebaut. Mehrtägige Dorffeste sind weitere Zeichen der Freude an diesem kleinen Lebenskreis im tiefen Tal. Neben einem Schachklub gibt es sogar einen Kulturverein, der das Dorfbild pflegt und das Eigenleben anregt. Und das ganze neue Kultur- und Bewegungszentrum haben die Dittinger in den letzten Jahren zuhinderst im Dorf erstellt – sozusagen als Bekenntnis zu einem altbewährten Standort.

(Tages-Anzeiger Zürich, 26. 8. 1980)

«Was man hat, das hat man» oder «Wohin das Wasser fließt, dahin fließen die Lebensströme»

Das Laufental

Am 15. November 1977 haben die Laufentaler eine mit 4960 Unterschriften (61,3% der Stimmberechtigten) dotierte Initiative eingereicht, die eine Volksbefragung darüber verlangt, ob Anschlußverhandlungen mit einem Nachbarkanton aufgenommen werden sollen oder nicht. Der Zusatz von 1970 zur Staatsverfassung des Kantons Bern gesteht den Laufentalern dieses Selbstbestimmungsrecht zu, sofern sie es in der nützlichen Frist – diese war sehr knapp – verlangen. Am 18. Juni wird über die Initiative abgestimmt. Wenn die Frage der Anschlußverhandlungen verneint werden sollte, dann wird der Amtsbezirk endgültig eine Enklave des Kantons Bern, wird sie bejaht, dann beginnt ein unter Umständen Jahre dauerndes Ausscheidungsverfahren mit mehreren Urnengängen, in dem der Kanton ermittel wird, dem sich die Laufentaler anschließen möchten. Der Kanton Bern wird dabei bevorzugt; er bleibt bis zuletzt als Alternative im Rennen.

Obwohl am 23. April im Kanton Bern als auch im Laufental Großratswahlen stattfinden, die natürlich die politische Substanz und auch die Vorbereitung auf die Juni-Abstimmung belasten, hat die Auseinandersetzung bereits begonnen. Schließlich ist ein Entscheid über die Kantonszugehörigkeit kein Pappenstiel. Man weiß, daß die Freisinnigen als zweitstärkste Partei im Tal (bei den letzten Großratswahlen 37,8 Prozent Stimmenanteil) mehrheitlich den Verbleib bei Bern bevorzugen und daher im Juni nein sagen dürften. Die Christlichdemokraten andererseits (mit 53,6 Prozent stärkste Partei) neigen eher zur Ja-Parole, wobei sie im Blick auf den 18. Juni die einleuchtende These vertreten: Jetzt brechen wir die Übung nicht ab, sondern wollen die Alternativ-Angebote genau kennenlernen. Nur die Berner Variante liegt rechtskräftig vor, während bei den Projekten der beiden Basel und Solothurns – so ist das Verfahren offiziell programmiert – die Details erst noch zu erarbeiten sind. Die CVP will daher noch nichts von einer Entscheidung zwischen Bern und Basel hören, darüber sei erst zu reden, wenn man die genauen Alternativen kenne.

Der Gegensatz Stadt–Land
wird hochgespielt

Schon im November hatten sich drei führende Laufener Freisinnige vor die Öffentlichkeit gestellt und die «Vereinigung für eine gesicherte Zukunft des Laufentals» gegründet. Das Laufener und das Berner Wappen zieren den Briefkopf dieses Stoßtrupps, der unter dem Motto «Was man hat, das hat man» eine gesicherte Zukunft nur im Kanton Bern sieht. «Jeder hat nun Farbe zu bekennen, für oder gegen Bern» heißt es im Prospekt.

Ich habe mit *Heinz Weber,* dem Präsidenten der Gruppe, gesprochen. Weber, Jahrgang 1932, war Präsident der Bezirkskommission, Stadtpräsident von Laufen und ist Leiter eines großen Konfektionsbetriebes, der auch für die Armee arbeitet. Er legt Wert auf die Feststellung, daß seine Fabrik vom Kanton Bern keine Aufträge erhält. Man hat den drei Vorkämpfern für den Verbleib bei Bern nämlich persönliche Interessen vorgehalten. Von den beiden weiteren führt der eine ein Notariats- und der andere ein Ingenieurbüro.

Als Beweggründe der Gruppe nennt Weber zwei Gedanken: «Erstens glauben wir, das Laufental müsse zu seiner *Eigenart Sorge tragen.* Wären wir bei Basel-Stadt, so bestünde die große Gefahr, unterwandert zu werden. Die Basler möchten möglichst schnell aus ihrer Isolation ausbrechen. Das ist ihr gutes Recht. Das Laufental soll jedoch eine Heimat bleiben, in der wir uns wohl fühlen und etwas zu sagen haben. Im Kanton Bern ist das möglich, weil die Berner weit weg sind. Zweitens sehen uns die Basler – von der Regierung habe ich das allerdings noch nicht gehört – als Durchgangslösung. Deshalb können sie nun ein solch großzügiges Angebot machen. Ihr Traum ist nicht die Exklave Laufental, sondern der Kanton Nordwestschweiz. Dieser darf aber, wie ich meine, nicht mit Hilfe des Laufentals vorangetrieben werden. Der muß wachsen.»

Die Argumente können in der Abstimmung populär sein, weil sie Otto-Fischersche oder James-Schwarzenbachsche Eingänglichkeit besitzen: «Fern vom Geschütz gibt alte Krieger»; «Die Heimat, in der wir etwas zu sagen haben und uns wohl fühlen», nicht den Städtern verkaufen. Da erscheint auch die unterschwellige Androhung der Unruhe, in die das Laufental durch eine Liaison mit den «arroganten Städtern» hineingeraten würde, im Gegensatz zur «bäuerischen Bodenständigkeit», auf der man im BGB-Kanton Bern ruhen kann. Das Ankersche Bild des bäuerischen Bern könnte im Laufental das historische Gegensatzpaar Stadt–Land verstärken. Jenen historischen Gegensatz, der vor acht Jahren die Wiedervereinigung der beiden Basel verhindert hat, möchte man offenbar nun im Laufental aufheizen. Ist er tatsächlich in der Bevölkerung virulent? Oder bloß in interessierten Politgruppen? Sieht das Partnerverhältnis hier nicht anders aus?

Das Laufental zwischen Bern und Basel

Die Geschichte des Laufentals als Berner Amtsbezirk begann 1815. An die Nordwestgrenze der Schweiz gepreßt und im Kanton Bern von seiner Umgebung politisch isoliert, fand das Laufental zunächst aus sich selbst kaum wirtschaftliche Impulse. Hunderte von Einwohnern mußten auswandern. Im Kulturkampf bekam es dann die Kantonszugehörigkeit zu spüren, als Bern im Jura mit Truppen aufmarschierte und 92 Priester abgesetzt wurden. Jene harten Eingriffe hatten das Zugehörigkeitsgefühl der Jurassier zum Mutzenkanton nicht gefördert.

Am 23. September 1875 konnte das Teilstück Basel–Delsberg der Jurabahn eröffnet werden. Im Bericht der «National-Zeitung» war damals zu lesen: «Es ist zu hoffen, daß mit dem vermehrten Verkehr, in den die Täler des Juras hineingezogen werden, auch die Gegensätze, die dort noch bestehen, einer Milderung entgegengehen, und die chinesische Mauer des Vorurteils gegen Andersdenkende zertrümmert werde.» Die Verbitterung des Kulturkampfes ist da deutlich herauszuspüren. Die Eisenbahn hat viel dazu beigetragen, daß der Jura sich nicht noch mehr in sich selbst einrollte oder, aus bundesstaatlicher Sicht ein Vorwurf: daß die Eidgenossenschaft nicht ganz vergaß, daß ihr der Wiener Kongreß 1815 nicht bloß *das Veltlin genommen,* sondern auch *den Jura gegeben* hatte. Leider hat sie damit nicht viel anzufangen gewußt, sonst wäre Roland Béguelin Gemeindeschreiber von Delsberg und nicht Freiheitskämpfer geworden.

In ihrer neuen Umgebung war die auf einer nordöstlichen-südwestlichen Linie gelegene Talschaft von lauter Grenzen umgeben: Kantonsgrenzen auf drei Seiten, der Landesgrenze zu Frankreich ein Stück weit und der Sprachgrenze gegenüber dem eigenen Kanton. Wie ließ es sich mit diesen Nachbarschaften leben?

Im Südwesten: Der Kanton Bern trat hier als Sprachgrenze in Erscheinung. Die Beziehungen zu den welschen Nachbarn gaben, nachdem Laufen ein selbständiger Amtsbezirk geworden war, keine aktiven Probleme mehr auf, blieben aber stumpf. Doch begann man sich um Kontakte zu bemühen. Ich erinnere mich noch an den bis zum Zweiten Weltkrieg intensiv gepflegten Jugendaustausch im Welschlandjahr. Viele Buben und Mädchen gingen «is Wälsch», das heißt sie absolvierten die letzte Primarschulklasse in einem Dorf des Delsbergertals, der Ajoie oder der Freiberge. Sie wohnten bei einer Bauernfamilie und verdienten den Unterhalt mit Arbeit in der Landwirtschaft. Hier wurden Mosaiksteinchen zum besseren Verständnis über die Sprachgrenzen zusammengetragen.

Das Verhältnis zu Bern selbst läßt sich – die Kulturkampfphase ausgenommen, als der empfindlichste Punkt touchiert wurde – am besten mit «friedliche Koexistenz» bezeichnen. Der Wiener Völkerkongreß hätte das Laufental geradesogut dem Kanton Graubünden oder dem Thurgau zuteilen können, man hätte sich gegenseitig nicht weniger gut verstanden. *Einem* Verwaltungskreis muß eine Talschaft in einem Bundesstaat ja angehören, wenn er sie nicht dort integrieren will, wo sie sich befindet und heimisch fühlt.

Wie der Jura war auch das Laufental zunächst von beiden Bern, dem eidgenössischen wie dem kantonalen, vernachlässigt worden. Die Eisenbahn z. B. bekam der Landesteil später und nur deshalb, weil er sich mit Zähnen und Klauen dafür eingesetzt hatte; im Autobahnnetz ist er heute noch nicht berücksichtigt. Die Berner Steuern hingegen, die ganz wesentlich höher als jene der Basler Region liegen, hat er zu zahlen. Im letzten Jahrhundert dürfte der Mutzenkanton von seinem nördlichsten Amtsbezirk Laufen freilich noch nicht allzuviel bekommen haben, denn er war einer der ärmsten. Nach dem Ersten Weltkrieg begann sich die Talschaft aber auch wirtschaftlich zu erholen, und in den siebziger Jahren figurierte Laufen unter den dreißig Berner Ämtern als eines der steuerstärksten.

Noch vor dem Zweiten Weltkrieg war die kantonale Infrastruktur schwach, und als junger Mensch hatte ich damals den Eindruck, Bern sei nur mit dem Steuerkommissar, den man in Delsberg aufsuchen mußte, und mit der Polizei präsent. Die Polizisten, meist aus dem Berner Oberland ins Laufental versetzt, waren die einzigen im Tal, die *Berndeutsch* sprachen, inmitten einer im Idiom der Region Basel redenden Bevölkerung. Nach dem Zweiten Weltkrieg besserte sich einiges. Mit Schul- und Spitalabkommen begann die Berner Regierung den Vertragsföderalismus zu pflegen und die Laufentaler durch Absprachen mit den Kantonen der Region in den modernen Sozialstaat einzubauen. Im Bezirksort Laufen konnte ein neues Spital erstellt und abschnittsweise und gemächlich auch die Kantonshauptstraße durch das Tal so ausgebaut werden, daß sie diesen Namen einigermaßen verdiente. Der Kanton Bern mit seinem großen und gebirgigen Gebiet hatte es auch nicht leicht, das muß man zugeben. Dennoch: Im Laufental ließ er sich reichlich Zeit – so lange, bis dieses im Jurakonflikt eine wichtige strategische Position erhielt. Die Juraseparatisten haben zweifellos an den Laufentaler Straßen mitgebaut.

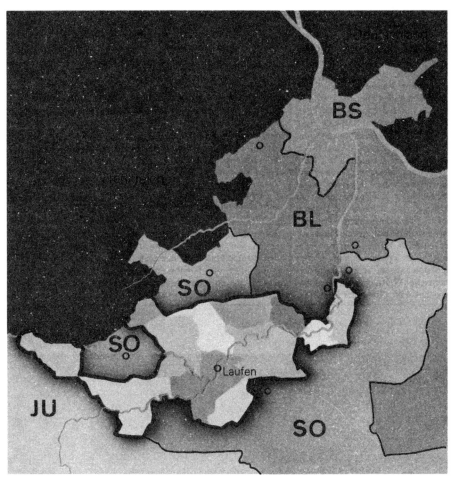

Amtsbezirk Laufen

An der Westseite ist das Laufental von einem etwa zehn Kilometer langen Jurakamm, dem bis 850 Meter hohen Blauenberg, begrenzt. Auf der politischen Landkarte schließen sich zwei solothurnische Exklaven, basellandschaftliche Birseckgemeinden und auf einer Strecke von rund sieben Kilometern Frankreich an. Zu behaupten, von dieser Seite seien keine Impulse zu erwarten gewesen, wäre eine Verallgemeinerung. Die Talabzweigung der Lützel offerierte eine gute Verkehrsverbindung zur solothurnischen Exklave Kleinlützel. Während einiger Jahre stand ein Eisenbahnprojekt als internationale Verbindung von Laufen über Pruntrut nach Frankreich intensiv im Gespräch. Geblieben ist die «internationale Straße», die durch ein romantisches Tal der Landesgrenze entlang in die Ajoie führt.

Die zweite Solothurner Exklave, Mariastein auf der andern Seite des Blauenberges im Leimental, besaß, ebenso wie die laufentalische Gemeinde Burg, eine gewisse Attraktivität dank der Nähe der französischen Grenze und des elsässischen Hinterlands. Die vernachlässigten Elsässer spielten zwar, obschon sie den Monatsmarkt in Laufen beschickten, für die Laufentaler nicht die gleich wichtige Rolle im Alltag wie für die Basler, aber man begegnete sich mit Sympathie. Hinzu kam die Anziehungskraft von Mariastein als Wallfahrtsort. Viele Pfarrgemeinden führten jährlich eine Wallfahrt durch, wobei dann die gleichgesinnten Elsässer und ihr billiger und guter Wein zu einem Sprung über die Grenze verleiteten, der die religiöse Strenge der Wallfahrt mit der Wirklichkeit des laufentalischen Alltags versöhnte. Dieser Alltag war, das darf man nicht übersehen, extrem stark von der Denkart und dem liturgischen Kalender der katholischen Religion bestimmt. Sie vor allem hat den laufentalischen Menschenschlag geformt, und man kann aus dieser Sicht die Ähnlichkeit des jurassischen Menschen mit jenem des Fricktals, des Freiamtes, Freiburgs oder des Oberwallis nicht übersehen.

Im Südosten: Die andere Längsseite des Laufentals, die Südostgrenze, ist auf der ganzen rund zwanzig Kilometer langen Strecke eine einzige Berührung mit Solothurn und einst mit der Eidgenossenschaft. Man kann sie auch als willkürliche Grenze bezeichnen, denn sie durchschneidet den fruchtbarsten Teil des breit ausladenden Tales, das sich auf dieser Seite bis zur Hohen Winde (1100 m) und zum Paßwang hinaufschwingt. Das solothurnische Breitenbach, nur drei Kilometer von Laufen entfernt, ist das Zentrum des Bezirks Dorneck-Thierstein, des «Schwarzbubenlandes», das die Solothurner in der Zeit des Ersten Weltkrieges mit dem modernen Ausbau der Paßwangstraße erschlossen, um damit allen Separationsgelüsten vorzubeugen. Breitenbach gehörte nicht zum Fürstbistum und blieb bis in die jüngste Konjunkturwelle hinein ein Dorf, während das fürstbischöfliche Laufen unten an der Birs seit 1295 das Stadtrecht und Mauern besaß. Zweifellos bestand zwischen den beiden Gebieten schon immer ein natürlicher Handwerker- und Handelsverkehr. In einer Umfrage von 1976 bestätigte sich aber das Phänomen, daß sich das bernische Laufental und der Kanton Solothurn weitgehend indifferent gegenüberstehen: Nur ein kleiner Prozentsatz der Befragten neigte zu diesem Nachbarkanton hin. Der Laufentaler fühlt sich näher bei Basel als bei Solothurn, obwohl man «nichts gegeneinander hat». Mit den direkt benachbarten Schwarzbuben sind die Beziehungen sogar gut. Aber man sieht doch, wie sehr politische Grenzen auch im kleinsten Raum die Geschichte festmauern, die Bedeutung der Vergangenheit übertreiben und den Ablauf des täglichen Lebens hemmen. Im Bundesstaat müßten sie sich daher auch verändern können.

Im Nordwesten: Dort, wo die Birs neben dem Schloß Angenstein bei Aesch den Kanton Bern verläßt, grenzt der Amtsbezirk Laufen an den Kanton Baselland, an das historisch verbundene Birseck. Die eherne Regel gilt auch hier: Wohin das Wasser fließt, dahin fließen die Lebensströme. Die große Stadt Basel, für die Laufentaler ganz einfach «die Stadt», zog die Bewohner des bernischen Amtsbezirks schon immer an und strahlte auf sie aus, kulturell und wirtschaftlich. Mit Zwei- und Vierspännern, die Wagen hoch beladen mit «Baslerwälleli» (bloß 30 Zentimeter lange, speziell für die Basler zum Heizen der Kachelöfen hergestellte Feuerholzbüschel), marschierten die Fuhrleute jeweils schon in der Nacht weg. Nach mehrstündiger Fahrt luden sie die Last in der Remise eines der Patrizierhäuser im St.-Alban-Quartier ab, um mit vielleicht fünf Franken Entgelt im Sack den zwanzig Kilometer langen Rückweg anzutreten. Um den Tagesverdienst auch sicher heimzubringen, wappneten sie sich «gegen die Zigeuner» in der engen Durchfahrt des Kessilochs oberhalb von Grellingen.

Oft transportierten sie auch schwere, behauene Steinblöcke aus den Kalksteingruben. Viele Gebäude zwischen Genf und Straßburg sind aus dem gelben Laufenstein gefertigt. Die Steinhauer aus Röschenz und Dittingen lernten die Stadt beim «Nohschaffe», bei der Nachbearbeitung der vermauerten Steine, kennen, wobei sie an den Kapitellen, Säulen und Portalen den letzten Schliff des Fachmanns anbrachten. Schon bevor die Eisenbahn Stadtluft ins Tal brachte, hatten die Fuhrleute und Handwerker bei ihren Begegnungen in den Herrschaftshäusern mit den städtischen Dimensionen Maß genommen. Kontakte ergaben sich dabei nicht nur mit den Bediensteten der Herrschaftshäuser, auch Herr Bachofen oder Frau Sarasin kümmerten sich oft höchstpersönlich um die Arbeiten des Laufentalers – wie es sich für das Sozialverständnis und die Sparsamkeit eines Baslers «vom Daig» gehörte. Zu Hause im Dorf erzählte man davon und von der fernen Welt, die man gesehen hatte, aber keineswegs klassenkämpferisch, sondern in Bewunderung vor der großen Stadt und ihren feinen, reichen Bewohnern.

Fein und reich für einen Laufentaler war damals schon der städtische Gärtner der Villa Bachofen oder die Glätterin der Sarasins. Er war Kleinbauer, ein «Rucksackbauer», der sich mit der einsetzenden Industrialisierung sein karges Geld in der Tonwarenfabrik, der Papierfabrik oder der Steingrube verdiente. «Wir haben morgen keine Arbeit für Dich, frag halt übermorgen wieder», pflegte der Polier dem gelernten Steinhauer zu sagen, obwohl sieben Kinder an dessen Familientisch saßen. Der Mann konnte ruhig heimgeschickt werden, denn zu essen hatte er ja dank seinen beiden Kühen und den paar Äckern, die er aus seiner Erbmasse besaß, auf alle Fälle. Kommen würde er sicher wieder, obwohl er nur siebzig Rappen in der Stunde verdiente: Wo wollte er sonst hingehen? Wenn er etwas Bargeld für die Zinsen und für Zucker und Salz haben wollte, *mußte* er kommen.

Der «Rucksackbauer» stand morgens um drei oder vier Uhr auf und begab sich mit Sense oder Hacke auf sein Äckerli. Das Essen für den Tag trug er im Rucksack mit. Um sieben Uhr am Morgen begab er sich für zehn Stunden in die Grube. Ich habe das in meiner Jugend mitangesehen und hätte später jedem 1.-August-Redner, der das wundervolle System des bodenverbundenen Arbeiters pries, ein Leben als laufentalischer Rucksackbauer gönnen mögen. Er hätte dann selber einen Beitrag an diesen sozialen Frieden leisten können, der sich ohne Sozialleistungen der Arbeitgeber und des Staates erhielt. In der ganzen Größe erfaßt hätte er das System freilich erst, wenn er auch Frau und Kinder in das Rucksackbauern-Leben eingespannt hätte, wie es aus Selbsterhaltungsgründen in diesem System geschehen mußte.

Im Laufental hielt sich das System auch ohne Murren, als in der nahen Stadt Gewerkschaften aktiv wurden, Sozialisten die Politik zu beherrschen begannen und – wohl als Reaktion auf die dortige konservative Unternehmerschaft – sogar Kommunisten das politische Pflaster beunruhigten. Die Laufentaler Bauern-Arbeiter blieben gegenüber den kollektiven Sozialbewegungen eigenartig immun. Sie glaubten offensichtlich, all das müsse so sein. Die vielen Pendler, die nun bereits in der Stadt arbeiteten, machten zwar in den städtischen Gewerkschaften mit und kritisierten am Wirtshaustisch die Sozialzustände, blieben aber inaktiv. Die Ausstrahlung der Stadt vermochte das Sozialgefüge auf dem Land nicht zu verändern. Diesbezüglich waren die Befürchtungen der Arbeitgeber und der Bürgerlichen unbegründet – und das müßte sie also auch heute noch nicht so ängstlich zu «Bernfreunden» machen.

So um 1930 herum habe ich das Verhältnis der Laufentaler zur Stadt Basel selbst erlebt. Zwar hatte ich die schnaubende und dampfspeiende Eisenbahn und das wöchentlich ins Dorf fahrende Konsumauto als erste Zeugen moderner Technik bereits gesehen, dennoch war der Eindruck der städtischen Betriebsamkeit gewaltig. Der Bub vom Land, in der Lehre zuerst als Ausläufer eingesetzt, hatte in seiner Unbeholfenheit Mühe, einigermaßen das Gesicht zu wahren. Die Tramschienen und vor allem die Einbahnstraßen erschwerten seine Velotouren. Der Urbane fühlt sich gegenüber

dem Ländlichen gern stark und erkennt diesen von weitem. Den Spalenberg hinunter zum Beispiel hätte ich nicht fahren dürfen: «Wo wotsch denn
Du ane?» stoppte mich der Polizist, mehr erstaunt als erbost. «Dasch Ei-
bahn, hesch gheini Auge im Ghopf!» Er muß mir die Furcht ebenso wie die
lange Leitung angesehen haben; jedenfalls fragte darauf der Polizist: «Wo-
här ghunsch Du aigetli?» Scheu gab ich zur Antwort: «Vo Dittige». Worauf
der Polizist mit einer Mischung von Verständnis und Mitleid den hoffnungs-
losen Fall vom Land mit Einsicht erledigte: «Aha, vo Dittige. Denn fahr
halt wiiter.»

Basel: Weltoffen und eingegrenzt

Der Stadtstaat Basel ist von Grenzen geprägt. Während Jahrhunderten am
Schnittpunkt der Verkehrsströme des Kontinents als von hohen Mauern ge-
schützter nördlicher Vorposten der Eidgenossenschaft, steht die Stadt welt-
offen in guten Zeiten und verschlossen in den Krisen der Geschichte. Diese
beiden Voraussetzungen haben Basel und die Basler geformt. Im Kulturellen und im Wirtschaftlichen nach außen gerichtet, blieben sie im Politischen introvertierter als die meisten Gemeinschaften der Schweiz. Das ist
ihnen in der ersten Hälfte des letzten Jahrhunderts, als das helvetische Bür-
gertum die Ideen der Französischen Revolution nachvollziehen und in die
Praxis umsetzen mußte, zum Verhängnis geworden. Die aristokratische Re-
gentschaft Basels vermochte den politischen Paternalismus nicht zu überwinden. Schon im Dezember 1797 wies der Rat der Stadt das Begehren der
Landschaft (das Vorgelände zum Hauenstein hinauf war nicht erobert, sondern, typisch für diese Stadt, durch die Jahrhunderte aufgekauft worden),
ihren Bürgern die gleichen Rechte zu geben, zurück. Erst der Sturm der
Bauern und die Freiheitsbäume im Baselbiet bewogen die Städter zu Zuge-
ständnissen. Wirklich begriffen hatten aber die charakterfesten Paternali-
sten noch nichts: Als die Landschäftler 1830, inspiriert von der französischen Julirevolution, echte demokratische Gleichberechtigung mit der
Stadt forderten, da reagierten die Basler mit strafender Gebärde von oben
herab und provozierten schließlich selbst die Trennung. Während die andern Städter Helvetiens die Zeichen der Regenerationszeit begriffen und
ihre Privilegien der ländlichen Gleichberechtigung zumindest formal opfer-
ten, mußte in Basel der Gegensatz Stadt–Land bis zum bitteren Ende
durchgespielt werden. Jene Kantonstrennung, bei der Truppen eingesetzt
werden mußten und die fast hundert Menschenleben kostete, hatte das politische Klima total vergiftet. Noch vor acht Jahren war sie wirksam und

vermochte das Vernünftigste zu verhindern, was in jenem balkanisierten Landeswinkel nötig gewesen wäre: die Wiedervereinigung. «Es war ein schicksalshafter und tief im baslerischen Charakter angelegter Entschluß, mit dem die Stadt es auf sich nahm, allein zu bleiben, um nun ganz und gar ‹Polis› zu werden», schreibt F. R. Allemann in seinem Buch «25 Mal die Schweiz».

Der Stadt am Rheinknie sind nach jener Amputation nur noch zwei Gemeinden geblieben: Riehen und Bettingen. Sie hat sich zum Stadtstaat entwickeln müssen. Eingepreßt in die von einer abtretenden konservativen Generation schon vor der Gründung des Bundesstaates gezogenen Grenzen, haben sich die insularen, aber welttüchtigen «Engländer der Schweiz», wie Allemann die Basler nennt, weiterentwickelt. Politisch verkauften sie sich in der Eidgenossenschaft als Halbkanton mit ganzkantonaler Potenz immer wieder weit unter ihrem Wert. Die protestantische Welttüchtigkeitsphilosophie sowie die Gunst der Verkehrslage am Rheinknie sorgten indessen für eine Entwicklung der Wirtschaft und der Industrie, die den Stadtbaslern in der Dreiländerregion großes Gewicht verliehen, ein Gewicht, das sie mit ihrer berühmten Universität als Zentrum humanistischen Geistes schon früher besessen hatten. Und all das war trotz den hemmenden politischen Schranken möglich, die nur mit den Krücken des helvetischen Vertragsföderalismus behelfsmäßig überstiegen werden konnten.

Laufental: Während Jahrhunderten Handelsobjekt

Die historische Vergangenheit des Laufentals ist eng verbunden mit der Geschichte des Fürstbistums Basel. In der Reformation hatte der Fürstbischof den Sitz von der reformiert gewordenen Stadt Basel nach Pruntrut verlegen müssen. Das Laufental hatte ebenfalls den neuen Glauben angenommen, wurde aber nach 50 Jahren rekatholisiert. Anders als im Südjura die Berner, wußten das die Basler nicht zu verhindern, weil die Eidgenossen das Basler Burgrecht in den Juragemeinden nicht schützen wollten. So reichte das katholische Fürstbistum bis 1792, als die Franzosen das Gebiet annektierten, vom Bielersee bis vor die Tore der Stadt Basel. Die stadtnahen Gemeinden des Birsecks ebenso wie jene des Laufentals erlebten daher *eine andere Geschichte* als die benachbarten Orte des Baselbiets, die der Stadt gehörten. Die fürstbischöflichen Bezirke bildeten nach dem Einbruch der napoleonischen Truppen zusammen mit den welschen Nachbarbezirken einen eigenen Staat, die Raurachische Republik. Nur wenige Monate später verschwand aber diese Republik als französisches Département Mont-

Terrible im größeren Département Haut-Rhin. Alle diese birstalischen Gebiete am Rande der Eidgenossenschaft erlitten in dieser Zeit schlimmste Requisitionen und Plünderungen. Möglicherweise ist diese Phase des Erlebens unter französischer Herrschaft mitschuld an der damaligen Zurückweisung alles Französischen im deutschsprachigen Birstal, wovon die Chronisten berichten.

In der mehrhundertjährigen Geschichte waren also die deutschsprachigen Gemeinden des Birsecks und des Laufentals eine katholische Schicksalsgemeinschaft vor den Toren der protestantischen Stadt Basel gewesen. Nach der Flucht des Bischofs vor den Franzosen hatten sie es aber zusammen mit den Welschen nicht fertiggebracht, ihre Nationalität zu formieren und zur Geltung zu bringen. Die Sprachgrenze war eben doch eine Grenze: Als am Wiener Kongreß mehrere Projekte für das ganze fürstbischöfliche Gebiet zur Sprache standen, da erwog man in der Ajoie, mit den drei welschen katholischen Bezirken einen Kanton Jura zu gründen – den gleichen, der nun steht. Der Unterschied ist einzig, daß damals niemand eine jurassische Einheit beklagte, die es nicht gab.

Der Mangel an Staatswillen und Staatsbewußtsein in diesem Randgebiet, das die Eidgenossen mehrmals hätten haben können und wegen innerer Rivalitäten keinem gönnen mochten, erklärt zum Teil, warum der Wiener Völkerkongreß den heimatlosen Jura als Tauschobjekt behandeln konnte: Das ganze Fürstbistum wurde 1815 zwar der Eidgenossenschaft zugeteilt, dort aber nicht als respektiertes Volk im Status eines Kantons aufgenommen, sondern von den Fürsten in Wien den Patriziern in Bern zugeteilt. Dem Kanton Bern zugeschoben als Entschädigung für den Aargau und die Waadt. Die Gemeinden des Birsecks wiesen sie aber Basel zu und schnitten damit die Talschaft Laufen politisch von der Region Basel ab, in der sie seit Jahrhunderten gewesen war. Als deutschsprachiges Anhängsel hatte man sie den nun plötzlich bernisch gewordenen welschen Bezirken angeheftet. Nestwärme gab es da nicht, denn Bern schätzte es gar nicht, katholischen Zuwachs bekommen zu haben.

Die Laufentaler begrüßten den endlichen Eintritt in die Eidgenossenschaft. Er verhieß einen besseren Schutz, als ihn der Fürstbischof hatte geben können. Die Zuteilung zum Kanton Bern war aber ein grober Messerschnitt ohne Einfühlungsvermögen gewesen. Nur wenige Jahre zuvor hatten die Laufentaler sich mit den Birseckern an einer Volksversammlung in Aesch für die Eigenständigkeit, für die Erhaltung der Raurachischen Republik ausgesprochen. Und nun hatte man sie abgetrennt und den Welschen zugeteilt. Mehr noch: Die zwölf Gemeinden wurden ins welsche Oberamt Delsberg eingeteilt. Die Eingaben und Petitionen im Kampf um die Loslösung von Delsberg und um den eigenen Amtsbezirk enthalten böse Worte, wie man sie heute über die Sprachgrenzen nicht mehr braucht; aus den Sorgen jener Zeit sind sie zu erklären. 1846 endlich erhielten die Laufentaler ihren eigenen Amtsbezirk.

Wenn das Laufental vom Wiener Kongreß dorthin zugewiesen worden wäre, wohin es gehört hätte, also zur Region Basel, dann hätte es sich vermutlich 1832 wie die Birsecker gegen die die Rechtsgleichheit verweigernde Basler Aristokratie gewandt und wäre von der Tagsatzung Baselland zugewiesen worden. Dort hätte es wohl wie die Birsecker wegen der verschiedenartigen politischen Erinnerung und des katholischen Glaubens seine Probleme gehabt. Als das Birseck mit Basel vereinigt wurde, stieß eine katholische Minderheit zur reformierten Basler Landbevölkerung. In dem soeben erschienenen Buch «Die politische Beteiligung des Volkes im jungen Kanton Baselland» heißt es dazu: «Nicht nur daß sie (die Birsecker Gemeinden) 250 Jahre lang getrennte Wege gegangen waren, sie hatten auch eine verschiedene Verwaltungsstruktur gehabt. Die Vögte auf der Landschaft Basel rekrutierten sich aus dem Kaufmannsstand oder aus der Handwerkerschaft; jene im Birseck stammten aus Adelsfamilien und waren meist juristisch gebildet.» Das doppelte territoriale Erbe des jungen Kantons Baselland war daher, wie es in dem Buch weiter heißt, konfliktbeladen. Mit ebenso großer Wahrscheinlichkeit hätte aber das Laufental wie die Birsecker Gemeinden vor acht Jahren für die Wiedervereinigung gestimmt. Denn die alten fürstbischöflichen Gebiete kannten zwar Sprach- und Glaubensprobleme, aber Stadtprobleme kannten sie nicht. Den historischen Baslerkomplex gibt es daher – anders als bei den ehemaligen Untertanen im Baselbiet – im Birstal nicht.

Keine historische Abneigung gegen «die Stadt»

Die Basler und die Laufentaler sind beide verschieden in ihrer Art. Basel gibt sich urban, in der Überspitztheit des Baslerischen urbaner als andere Schweizer Städte. Am besten zeigt sich das in der Sprache. Baseldytsch ist geschliffen, schnell und giftig. Der Gesprächspartner braucht Selbstsicherheit, ja Toleranz für das phonetisch Ungewohnte, wenn er mit dem Stadtbasler spricht (dennoch ist es beruhigend zu wissen, daß nicht jeder Beppi Ruedi Palm heißt). Als das Schweizer Fernsehen am Abend des 19. Februar 1977 das Mundartstück «Protzenbauer» auf den Bildschirm brachte, da fiel auf, daß nur der Bösewicht aus der Stadt, der den Bauer unter der Finanzknute hielt und zur Haltung von tierfeindlichen Legebatterien zwang,

Baseldytsch redete: die Sprache des feindlichen urbanen, neben der Berndeutsch so ländlich-treuherzig klingt. Ein Gemeinplatz, der in der kommenden Ausmarkung gebraucht werden wird, obwohl er bloß eine Behauptung verallgemeinert. Wir haben es vielmehr ganz einfach mit selbstsiche-
ren Kuturgruppen zu tun.

Ich habe kaum einen «ländlichen» Laufentaler gesehen, der sich in seiner «Stadt» nicht wohl fühlte, währenddem die täglichen Beziehungen zu
Bern sehr selten sind. Man sieht die Laufentaler eigentlich nur einmal dort,
sagt man spaßhalber: am Pfingstmontag am Cupfinal. Wer umgekehrt unter den Lauben jemanden nach dem Amtsbezirk Laufen fragt, dem werden
nicht viele antworten können, daß er zum Mutzenkanton gehört.

Zwischen diesen beiden Kulturgruppen – Bern und Region Basel –
werden die Laufentaler nun wählen können. Die Talschaft ist heute stark
industrialisiert; 1970 waren nur noch 5,4 Prozent der Erwerbstätigen Bauern. Die Strukturen des Laufentals haben sich vom Bild des Kantons Bern
entfernt (noch 11 Prozent Landwirtschaft) und dem der Region Basel ange-
glichen (Solothurn 5, Baselland 4 Prozent). Die Pendlerzahlen Richtung
Basel sind hoch: 690 nach Basel-Stadt, 344 nach Baselland, und die meisten
der 573, die die Statistik Solothurn zuweist, arbeiten im Gebiet von Dor-
nach. Es wäre auch auf die Frage der Steuern hinzuweisen, die ganz eindeutig zugunsten der Nachbarkantone beantwortet werden muß. In der wissenschaftlichen Untersuchung von Bruno Altermatt «Das Laufental – Verbleib
bei Bern oder Anschluß an einen Nachbarkanton?» wird überdies auf die
Unterversorgung der Talschaft mit staatlichen Diensten hingewiesen, die
aus der exzentrischen Lage im Kanton Bern entstehen.

In der Frage der politischen Selbstbestimmung des Laufentals weisen
also Geschichte, praktische Realität und Vernunft eindeutig auf die Vorzüge der Nachbarkantone hin. Hätte die Meinungsumfrage und die kaum
zu übersehende Grundstimmung im Volk nicht das Desinteresse für die
Kantone Solothurn und Baselland ergeben, so müßten sie als die nächstlie-
genden und vernünftigen Optionen bezeichnet werden: Drei Fünftel der
Laufentaler Gemarken grenzen an Solothurn und die beiden Exklaven, die
aus der politischen Geographie verschwinden würden. Bei einem Anschluß
an Basselland würde die politische Trennung der historischen Nachbarschaft mit dem Birseck verschwinden, die günstigsten Steuern der Region
wären erhältlich, und der Regierung in Liestal fiele der Stein vom Herzen,
der sie bei einer Annäherung des Laufentals an Basel-Stadt aus wiederver-
einigungspolitischen Gründen bedrücken müßte.

Der Berner Lösung ebenfalls weit vorzuziehen ist die Umwandlung
der Talschaft Laufen in eine Exklave von Basel-Stadt. Das Angebot der

Basler nimmt es mit jenem der Berner auf. Die Bestimmungen des Status ebenso wie die natürlichen Gegebenheiten würden für die Erhaltung der Laufentaler Eigenart durchaus sorgen können, nachdem diese während Jahrhunderten von «der Stadt» nicht touchiert wurde. Diese Lösungsvariante muß aber vor allem deshalb nicht ausgeschlossen werden, weil die Laufentaler mit ihrer besonderen Geschichte die Abneigung gegen die Stadt nicht kennen.

(Tages-Anzeiger-Magazin, 11. 3. 1978)

Ablauf der wichtigsten Wahl- und Verhandlungsphasen im Zusammenhang mit der ▷ Einleitung und Durchführung des Anschlußverfahrens des Laufentals an einen benachbarten Kanton

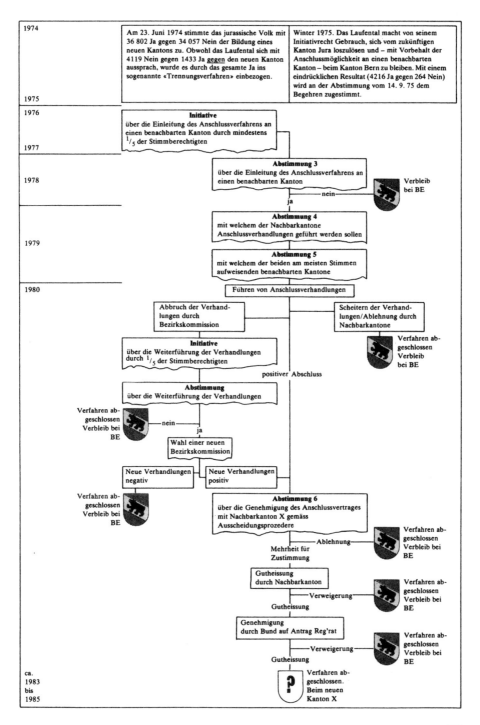

1974	Am 23. Juni 1974 stimmte das jurassische Volk mit 36 802 Ja gegen 34 057 Nein der Bildung eines neuen Kantons zu. Obwohl das Laufental sich mit 4119 Nein gegen 1433 Ja _gegen_ den neuen Kanton aussprach, wurde es durch das gesamte Ja ins sogenannte «Trennungsverfahren» einbezogen.
1975	Winter 1975. Das Laufental macht von seinem Initiativrecht Gebrauch, sich vom zukünftigen Kanton Jura loszulösen und – mit Vorbehalt der Anschlussmöglichkeit an einen benachbarten Kanton – beim Kanton Bern zu bleiben. Mit einem eindrücklichen Resultat (4216 Ja gegen 264 Nein) wird an der Abstimmung vom 14. 9. 75 dem Begehren zugestimmt.

Initiative
über die Einleitung des Anschlussverfahrens an einen benachbarten Kanton durch mindestens $^1/_5$ der Stimmberechtigten

Abstimmung 3
über die Einleitung des Anschlussverfahrens an einen benachbarten Kanton

nein — Verbleib bei BE

ja

Abstimmung 4
mit welchem der Nachbarkantone Anschlussverhandlungen geführt werden sollen

Abstimmung 5
mit welchem der beiden am meisten Stimmen aufweisenden benachbarten Kantone

Führen von Anschlussverhandlungen

Abbruch der Verhandlungen durch Bezirkskommission

Scheitern der Verhandlungen/Ablehnung durch Nachbarkantone

Verfahren abgeschlossen Verbleib bei BE

Initiative
über die Weiterführung der Verhandlungen durch $^1/_5$ der Stimmberechtigten

positiver Abschluss

Abstimmung
über die Weiterführung der Verhandlungen

Verfahren abgeschlossen Verbleib bei BE

nein — ja

Wahl einer neuen Bezirkskommission

Neue Verhandlungen negativ

Neue Verhandlungen positiv

Verfahren abgeschlossen Verbleib bei BE

Abstimmung 6
über die Genehmigung des Anschlussvertrages mit Nachbarkanton X gemäss Ausscheidungsprozedere

Ablehnung — Verfahren abgeschlossen Verbleib bei BE

Mehrheit für Zustimmung

Gutheissung durch Nachbarkanton

Verweigerung — Verfahren abgeschlossen Verbleib bei BE

Gutheissung

Genehmigung durch Bund auf Antrag Reg'rat

Verweigerung — Verfahren abgeschlossen Verbleib bei BE

Gutheissung

? Verfahren abgeschlossen. Beim neuen Kanton X

ca. 1983 bis 1985

1976
1977
1978
1979
1980

73

JURA

Ein Kanton sucht seinen Weg

Für die Menschen des Mittellandes war der Jura seit erdenklichen Zeiten etwas Fernes und Fremdes. Die Emmentaler Bauern etwa blicken in Jeremias Gotthelfs «Bauernspiegel» mißtrauisch nordwärts «bis an den blauen Berg hin, hinter welchem die wüsten Leute wohnen, die nie zufrieden sind und immer alles regieren wollen». Für die Alt-Berner kamen vom Jura her die eisigen Winde, und dort brauten sich auch die Hagelwetter zusammen. Aber die «wüsten Leute» kannten sie eigentlich nicht. Es genügte ihnen, zu wissen, daß 1384 die starrsinnigen, bigotten Wiedertäufer dorthin verbannt worden und daher zum Glück aus ihrer Welt verschwunden waren.

Die gnädigen Herren von Bern freilich, die gescheitesten Außenpolitiker der alten Eidgenossenschaft, hatten den Jura schon sehr früh als strategische Größe erkannt. Weil sie bei ihren Eroberungen Klugheit mit Vorsicht paarten, besetzten sie an den Paßübergängen der Grenzberge gleich auch noch die ersten Ortschaften auf der feindlichen Seite. Diese strategische Gewohnheit hatte im Jura dazu geführt, daß Bern schon 1352 einen Burgrechtsvertrag, eine Beistandsverpflichtung also, mit dem ersten Quertal hinter dem blauen Berg, mit dem St.-Immertal, abschloß. Hundert Jahre später legte Bern auf diese Weise seine Hand auch auf die Probstei Moutier.

In der Jurafrage sollte diese bernische Sicherheitsexpansion Bedeutung erlangen. Der Südjura widerstand in der Folge nicht nur den Gegenreformationsbemühungen, die der Fürstbischof von Basel von seinem Sitz im Schloß Pruntrut aus betrieb – die Täler im Süden blieben reformiert –, er genoß auch den Machtschutz Berns. Während die nördlichsten Teile des Bistums schutzlos mordbrennenden Truppen ausgeliefert waren, blieb der Südjura verschont. Das geschichtliche Erlebnis war so verschieden, daß es zwischen Nordjura und den südlichen Tälern eine Scheidelinie zog.

Wenn wir das zu Jura und Fürstbistum Basel zu zählende Laufental im Norden und den Südjura beiseite lassen, so haben wir das Gebiet des Kantons Jura umrissen. Es handelt sich um eine Randregion an der französischen Grenze, deren Bild vor allem in der Deutschschweiz noch heute von Emotionen angereichert ist. Der politische Kraftakt der Kantonsgründung hat Spuren hinterlassen. Wir bewerten den Jura noch heute vor allem als Querulanten und Problemträger. Um diese «andere» Welt verstehen, achten und lieben zu lernen, sind Standort und Vergangenheit zu Rate zu ziehen, die den jurassischen Menschen geformt haben.

Religionszwist als Erschwernis

Die Geschichte hat es mit den Jurassiern unseres 26. Kantons nicht gut gemeint. Während rund 800 Jahren lebten sie im locker gefügten staatsähnlichen Gebilde des Fürstbistums Basel, das wehrlos zwischen Frankreich und der Eidgenossenschaft «eingeklemmt» war und vom Rhein bis zum Bielersee reichte. In der Reformation hatte sich der Fürstbischof nach Pruntrut zurückgezogen und von dort ein kämpferisch-katholisches Regiment geführt. Diese Politik einerseits und der Einfluß Berns andererseits hatten zur Folge, daß Süd- und Nordjura zwischen dem 16. und dem 18. Jahrhundert die entscheidenden, das staatliche Leben bestimmenden Fragen der Religionszwiste in getrennten Lagern erlebten. Das war die eine wichtige Erschwernis, welche die Geschichte für die Lösung der Jurafrage schuf.

Eine andere entstand daraus, daß es den Bischöfen nicht gelungen war, für den katholischen Nordjura bis vor die Tore Basels einen wirksamen Schutz der Eidgenossenschaft zu erreichen, wie ihn der Südjura genoß. Zwar war der Bischof mit den sieben katholischen Orten verbündet, interne Rivalitäten der Schweizer verhinderten jedoch, daß das Fürstbistum, trotz Versuchen in den Jahren 1691, 1702 und 1703, der Eidgenossenschaft beitreten konnte. So war der Nordjura gegen Frankreich abgedrängt, nachdem sich der Fürstbischof 1739 nun mit dieser Macht verbündet hatte. Unseren Vorfahren in der alten Eidgenossenschaft kommt also ein redlich Teil am späteren Entstehen der Jurafrage zu.

Rund fünfzig Jahre nach der Verbündung mit Frankreich zeigte sich dann mit aller Deutlichkeit, wie sehr die «Einheit» des bischöflichen Juras zur Illusion geworden war: die Truppen des agressiv gewordenen Frankreich marschierten 1792 nur in den Nordjura ein. Die Grenze des Südjuras, die seit 1648 als Schweizer Grenze galt, respektierten sie; erst 1798 stießen sie dorthin vor, als sie der alten Eidgenossenschaft den Garaus machten.

Großer Verlierer dieser Invasion der Eidgenossenschaft war in der Folge der Kanton Bern: Er mußte den Aargau und die Waadt hergeben. Hingegen schenkte ihm der Wiener Kongreß 1815, in souveräner Unkenntnis der Dinge, aus der bischöflichen Erbmasse die katholischen nordjurassischen Bezirke und das Laufental. Die fürstlichen Herrschaften von Wien hatten sich den Patriziern von Bern erkenntlich gezeigt. Damit war bereits auch die Jurafrage gestellt: hier das stolze, sich selbst genügende protestantische Bern und dort der in seiner Armut (man sagte: Bern bekam für Kornkammern einen Estrich) ethnisch und religiös nicht minder stolze katholische Nordjura am Rande der Schweiz.

Drei Bezirke – ein Kanton

Das Gebiet unseres Kantons Jura, der in der Größenfolge zwischen Schwyz und Neuenburg den 14. Rang einnimmt, hat die Form eines Dreiangels. Seine westliche Spitze, die Ajoie, ist in der flacheren französischen Landschaft verhängt, seine südwestliche, die Freiberge, und die nordöstliche, das Delsberger Tal, hingegen ruhen fest auf den Höhen und in den Tiefen des faltigen und «Geländekammern» bildenden Juragebirges. «Vielleicht das abgeschiedenste, einsamste, eigentümlichste Stück Schweiz außerhalb der Alpen überhaupt», schreibt Fritz René Allemann in seinem Buch «26mal die Schweiz».

Das landschaftliche Prunkstück des neuen Kantons sind zweifellos die *Freiberge,* ein Hochland von unverwechselbarer Schönheit. Auf einen solchen «Estrich» darf man stolz sein. Die Maler Coghuf (der Basler Ernst Stocker) und Albert Schnyder haben auf ihren Bildern das helle Grün der Weiden und das dunkle der Fichten- und Tannengruppen in ihrer Harmonie zur Geltung gebracht. Die Landschaft erinnert mit ihren breit ausladenden, weißgetünchten Häusergruppen an die Bretagne. Das Hochland, einst völlig von Buchen- und Nadelholzwäldern bedeckt, erhielt seinen heutigen parkähnlichen Charakter durch die Einwirkungen der Menschen. Schon im 14. Jahrundert hatte der Fürstbischof die Urbarisierung und Besiedelung des klimatisch rauhen Gebietes mit einem Freibrief gefördert. Jeder zweite Bewohner wurde von Zinsen und Zehnten befreit. So kamen die «Freiberge» zu ihrem Namen. Auch die von den Bernern bedrängten Täufer hatten einst hier Zuflucht gefunden. Heute sind die Freiberge als Ski- und Sommerwandergebiet und als Pferdeparadies beliebt. Für das leichte Reit- und Wagenpferd hat sich vor allem auch die Armee interessiert. Kein Zufall also, daß das größte Fest in dem an Volksfesten reichen Jura, der Marché-Concours im Freiburger Zentrum Saignelégier, dem Pferd gewidmet ist.

Delsberg: Zentrum des Separatismus

Der *Bezirk Delsberg* im nordöstlichen Kantonsteil besteht geographisch aus dem Delsberger Becken und den begrenzenden Bergen. Die Birs fließt, von der Schlucht von Moutier herkommend, durch dieses weite Tal am Kantonshauptort Delsberg vorbei gegen das Laufental im Norden und gegen das nur dreißig Kilometer entfernte urbane Zentrum Basel. Delsberg, ein stark industrialisiertes Städtchen mit rund 12 000 Einwohnern, war das Zentrum des Separatismus. Noch heute gehen die angriffigen Aktivitäten der Jugendgruppe «Béliers» und des Rassemblement jurassien von diesem politisch sensibilisierten Gebiet der «Hauptstadt» aus, in dem auch der große Animator der Bewegung, Roland Béguelin, seinen «Jura libre» herausgibt. Rund um diesen Bezirk, der in der Kaskade der Abstimmungen zur Abgrenzung des Kantons um einige Gemeinden des bernisch gebliebenen Bezirks Moutier erweitert worden war, dreht sich auch noch das letzte liegengebliebene Problem: die definitive Zuteilung der beiden kleinen Gemeinden Vellerat und Ederswiler. Wenn nicht alles trügt, wird Vellerat seinem Willen gemäß aus dem Südjura dem neuen Kanton zugeteilt werden, während dieser die einzige deutschsprachige Gemeinde Ederswiler an das Laufental wird abtreten müssen.

Der dritte Bezirk endlich, *Pruntrut*, erscheint als Landschaft von elsässisch-französischem Akzent geprägt. Sein attraktivster Teil ist das Clos du Doubs, jenes kleine Gebiet am westlichen Fuß der Freiberge, das von einer Schleife des Grenzflusses Doubs umflossen wird. Das Städtchen St-Ursanne, verträumt zwischen Fluß und Wald gelegen, ist schon wegen seiner Nepomukbrücke und dem feingliedrigen romanischen Kreuzgang eine Reise wert. Der Bezirkshauptort Pruntrut liegt auf der andern Seite des Gebirgszuges von Les Rangiers mitten im Zipfel, den die Landesgrenze hier bildet. Diese Region ist mit Ortschaften wie Courgenay, Fahy und Bonfol vielen Deutschschweizern von den Grenzbesetzungen her noch am ehesten vertraut. Man befindet sich hier rund zehn Kilometer von Montbéliard und knapp zwanzig von Belfort entfernt. Der französische Charakter ist in der Landschaft mit ihren weiten Geländewölbungen, aber auch am Patina der Häuser und Spuren des Lebensstils dort spürbar, wo er noch nicht von der Allerweltskultur der Shopping-Centers und Tea-Rooms überdeckt wurde. Obwohl das da und dort stattgefunden hat, versucht der junge Kanton mit Nachdruck, einen eigenständigen Weg zwischen der wirtschaftlichen Entwicklung und dem Schutz der eigenen Kultur zu finden.

Die zum Selbstverständnis sorgsam aufgebaute Kulturpflege betrifft nicht bloß die Überwachung und Beratung im Bereich des Natur- und Kulturgüterschutzes, sondern man hat mit der anerkannten Persönlichkeit von Alexandre Voisard sogar einen eigentlichen Kulturbeauftragten eingesetzt. Freilich muß er sich nicht auf einem «Estrich» bewegen, denn Geschichtsforschung und Kulturpflege hatten in der jurassischen Elite immer einen guten Platz inne. Das mag auch die Bedeutung erklären, die die Jurassier der Rückführung des fürstbischöflichen Archivs beimaßen. Dieses Archiv befindet sich nun im Hôtel des Gléresse. Pruntrut wurde, in einer gewissen Konkurrenz um die Wahl zur Kantonshauptstadt stehend, als Zentrum der kulturellen Institutionen aufgebaut. Hier befinden sich das Gymnasium und das Kulturdepartement, doch auch das Gericht und die Kantonalbank haben ihren Sitz in Pruntrut.

Die Widerborstigen aus dem Nordjura

Im Vorfeld der eidgenössischen Juraabstimmung hatten die beiden deutschsprechenden «Wanderprediger» aus dem Jura, Antoine Artho und Roger Schaffter, immer wieder versichert: «Wir Jurassier sind nicht anders als die übrigen Schweizer.» Sie wollten beruhigen und die Stimmung gegenüber dem Jura verbessern. Der Satz war indessen aus zwei Gründen ungenau. Erstens gibt es den «übrigen Schweizer» gar nicht. Es gibt Basler und Bündner und Berner, soll es da, zweitens nicht auch die Eigenart der Jurassier geben dürfen?

Die Nordjurassier sind tatsächlich ein besonderer Menschenschlag. Ich würde ihn am ehesten mit jenem der Walliser, Freiburger oder Innerschweizer Berglertypen vergleichen. Der Jurassier ist offen und introvertiert, gutmütig und reizbar zugleich. Die Mischung wird vor allem brisant, wenn sie mit emotionalen Elementen, wie sie Sprache und Religion darstellen, in Berührung kommt. Die Herausforderung des Katholizismus im Kulturkampf durch die Berner ist zum Beispiel an der emotionalen Anreicherung des Separatismus stark beteiligt. Die Herausforderung der Sprache erlangte nur insofern Gewicht, als sie der Separatismus für seine Ziele auszunützen verstand. Immerhin ist im Juramenschen die Nachbarschaft Frankreichs und mit ihr der Stolz auf und die Empfindlichkeit für die französische Sprache offensichtlich.

Die Jurassier schlafen nicht

Es hat sich aber erwiesen, daß die ethnische Übersteigerung dieser Empfindsamkeit, für die sich Separatistenchef Roland Béguelin in Paris und

Québec Auszeichnungen an den Revers stecken ließ, im Jura im letzten eben doch auf einen instinktiven Widerstand stößt. Der Jurassier ist in den bald 170 Jahren seiner Zugehörigkeit zur Eidgenossenschaft zu sehr Schweizer geworden, als daß solche Theorien des Sprachnationalismus bei ihm ernsthaft verfingen.

Über diese Charakterfestigkeit dürfen auch Provokationen, wie sie die Gruppen des Rassemblement jurassien und der «Béliers» immer wieder in Szene setzen, nicht hinwegtäuschen. Hingegen sind die Jurassier durch die Kampfphasen der letzten Jahrzehnte zum politisch wachen, aber widerborstigen Kantonsvolk geworden. Man sehe sich ihre Meinungsäußerungen in eidgenössischen Abstimmungen an, die immer wieder jenen der schweizerischen Mehrheit widersprechen. Die Jurassier sind jener Teil unseres Volks, der politisch nicht schläft.

Man weiß heute, daß ein Halbkanton Nord- und ein Halbkanton Südjura diesem schwierigen Produkt der Geschichte besser gerecht geworden wäre. Eine wirkliche Einheit waren die beiden Teile des fürstbischöflichen Juras zwar nie – der Einfluß Berns und die Reformation hatten sie verhindert –, doch hatte eine lange geschichtliche Nachbarschaft bestanden. Der Wiener Kongreß von 1815 mußte daher nur noch den Nordjura und das Laufental den Bernern zuteilen; den Südjura besaßen sie bereits. Ihre schwere Hand und im Nordjura die unterschwelligen Frankophonieströmungen (das Fürstbistum war während zweier Dezennien Teil eines französischen Departements gewesen) verhinderten eine wirkliche Eingliederung des Gebiets in den Kanton Bern. Schon 1826 schworen drei Nordjurassier (Xavier Stockmar) im nahen Elsässer Schloß Morimont, «den Jura von der bernischen Oligarchie zu befreien». Der Kulturkampf, in dem Bern Anno 1873 katholische Priester vertrieb und den Jura mit Truppen besetzte, verschlechterte die Atmosphäre endgültig. Ständige separatistische Scharmützel waren die Folge. Ausgelöst wurde aber die entscheidende Bewegung, die schließlich zur Lostrennung der katholischen Bezirke vom Kanton Bern führte, nicht von einer religiösen, sondern von einer sprachlichen Provokation: Als 1947 der Berner Große Rat dem Jurassier Georges Moeckli die wichtige Baudirektion aus sprachlichen Gründen verweigerte, entstand im Jura ein Sturm der Entrüstung. Der Funke der Antipathie hatte gezündet. Spontan bildete sich nicht nur das (gemäßigte) Comité de Moutier, sondern auch das (separatistische) Rassemblement jurassien.

Man glaubte damals, mit der Anerkennung des Jurawappens und des «Volkes des Juras» in der bernischen Verfassung (1950) seien die Wellen geglättet. Doch das war ein Irrtum. Die Separatisten unter der Führung des reformierten Südjurassiers Roland Béguelin, unterstützt von der emotionalen Stoßkraft ihrer Jugendbewegung Les Béliers, hielten während 25 Jahren den Topf am Kochen. Wer die Brandreden und die Sechserkolonnen an den Fêtes du peuple jurassien in Delsberg sah, dem schwante nichts Gutes. Und wirklich steigerte sich die Bewegung – inzwischen hatten sich auch die Antiseparatisten organisiert – in eine oft außer Kontrolle geratene untergründige Revolution. Die Front de libération jurassien, die FLJ, schritt zu Brandstiftungen und Terrorakten.

Diese Phasen sind feste Bestandteile der Jurageschichte, doch ist es wenig sinnvoll, sie aufzufrischen. Wir wissen: Der Druck hatte Erfolg. Die Frage freilich, ob es heute auch ohne diesen Druck einen Kanton Jura gäbe, ist interessant. Am 24. September 1978 machte jedenfalls das Schweizervolk einen Strich unter diese Geschichte: Mit einer Zustimmung von 82,3 Prozent gab es dem neuen Kanton den Segen.

Das Gefühl, bei sich zu Hause zu sein

Interessant ist die Verfassung, die sich der Kanton Jura schon in der Vorbereitungsphase zur eidgenössischen Abstimmung gegeben hatte. Diese neueste Verfassung der Schweiz, von jungen Anwälten des Juras entworfen, vom Verfassungsrat bearbeitet und am 20. März 1977 vom Volk genehmigt, ist vom Schwung einer jungen politischen Bewegung geprägt. Sie ruht zwar auf dem direktdemokratischen schweizerischen Grundmuster mit Referendum, Einkammerparlament, vom Volk gewählter Kollegialregierung und Verwaltungsgliederung in Bezirken und Gemeinden. Darüber hinaus finden sich aber Neuheiten, wie begrenzte Amtszeit, Stimmrechtsalter 18, Proporzwahl der Ständeräte, Initiativrecht der Bürger in seltener Dichte. Hinzuzuzählen sind ein Katalog der klassischen Grundrechte (auch Recht auf Arbeit, Recht auf Wohnung), Anwendung der Gewaltentrennung in den Gemeinden, gewählte Ersatzleute im Parlament, die namentliche Aufzählung der dem Kanton zufallenden Aufgaben sowie die Verfassungsgerichtsbarkeit.

Veränderte Parteienlandschaft

Da sind moderne Wünsche bereits erfüllt, die auf eidgenössischer Ebene überhaupt keine Chance haben. Den Wiedervereinigungsartikel freilich, mit dem dem Südjura der Anschluß an den neuen Kanton förmlich angetragen worden wäre, haben Bundesrat und Bundesversammlung den stürmischen Nordjurassiern «abgekauft». Er hätte in der eidgenössischen Abstimmung auch keine Chance gehabt.

Seit mehr als vier Jahren verfolgt man nun gespannt, was dieser für unser Land so ungewöhnlich gewordene Schöpfungsschwung zustande bringt. Auch die Jurassier haben ja mit der oft lähmenden politischen Wirklichkeit zu rechnen, das heißt unter anderem auch mit ihrer Verankerung im Gedankengut und Lebensstil der schweizerischen Parteien. Die kleineren Parteien achten heute im Jura eifersüchtig darauf, daß der Mitte-links-Geist der Verfassung nicht zu sehr verwässert wird. Sozialdemokraten etwa sagen es in Interviews deutlich: Die CVP, die früher eine kleine Partei in einem großen Kanton war, sei heute eine große Partei in einem kleinen Kanton und drücke diesem ihren bürgerlich-konservativen Stempel auf.

Die Frage nach der Verfassung gibt aber eine erste wichtige Antwort: Weil die Jurassier nun ihre Angelegenheiten selbst entscheiden können, haben sie das Gefühl, bei sich zu Hause zu sein. Dieser Wunsch war schon immer der entscheidende Beweggrund für ihren Drang nach einem eigenen Kanton gewesen.

Man muß sich das einmal plastisch vorstellen: einen neuen Kanton einfach so aus dem Boden zu stampfen. Als die fünfköpfige Regierung eine Woche nach ihrer Wahl am 5. Dezember 1978 ins Amt trat, richtete sie sich in einem fünfstöckigen Mietshaus am Rand von Delsberg ein. Mit einem Teil der Verwaltung befindet sie sich noch heute dort. Das Kantonsparlament andererseits tagt im Saal des Centre protestant. Lauter Improvisationen also für die Ratsherren wie für die Minister, die man im Jura die Regierungsräte nennt.

Natürlich lief der neue Kantonsapparat nicht ohne Friktionen an, obwohl für die rund 500 zu besetzenden Verwaltungsstellen in der Regel die bisherigen Inhaber der bernischen Verwaltung übernommen worden waren. Von Bern übernommen wurde auch das Geflecht der Gesetze, das den Betrieb eines Kantons ordnet. Dennoch hatte das jurassische Parlament in den ersten vier Jahren nicht weniger als 160 Gesetze, Reglemente und Dekrete verabschiedet. Beim Aufbau der République et Canton du Jura wurde sorgfältig auch auf die gebietsweise Verteilung der Amtsstellen geachtet. Während sich zwar der Großteil am Sitz der Regierung in Delsberg befindet, haben sich das Kantonsgericht, der Hauptsitz der Kantonalbank und verschiedene Büros mit kulturellen Aufträgen in Pruntrut niedergelassen. In St-Ursanne befindet sich eine Forschungsstelle für Naturschutz, in Courtételle die landwirtschaftliche Schule und in Saignelégier die Amtsstelle für Sozialversicherung. Der Kanton Jura ist alles andere als ein zentrierbares Gebilde. Darauf war im Blick auf eine gedeihliche Weiterentwicklung Rücksicht zu nehmen.

Wie lebensfähig ist der Kanton Jura?

Der jurassische «Umweltminister» François Mertenat bestätigt, daß die Anfangsschwierigkeiten heute überwunden sind. Die Beamten haben ihre Unsicherheit, die sich in übertriebener Buchstabentreue auswirkte, überwunden, und in den Gemeinden beginnt man einzusehen, daß es demokratisch richtig ist, die Funktionen des Gemeinderats und der Gemeindeversammlung auseinanderzuhalten.

Die meisten «Minister» betonen die Priorität, die man der Sorge um die Wirtschaft eingeräumt habe. Einst hatten Bedenken vorgeherrscht, ob ein Kanton Jura wirtschaftlich überhaupt lebensfähig sei. Heute bezeichnet die jurassische Regierung die wirtschaftliche Lage ihres Kantons als «grundsätzlich gesund». Relativ wenigen Mitteln stünden auch geringere Lasten gegenüber. Die Rechnungen der ersten Jahre zeigen, daß der Jura keineswegs aus dem schweizerischen Rahmen fällt.

Dabei ist in Betracht zu ziehen, daß sozusagen mit der Kantonsgründung allenthalben im Land die Wirtschaftskrise einsetzte und sich der Jura am Lebensnerv zu bewähren hatte. Heute liegt zwar die Arbeitslosigkeit bei anderthalb Prozent, daß heißt über dem Landesdurchschnitt, aber auf dem gleichen Niveau wie in strukturell vergleichbaren Kantonen.

Weg von wirtschaftlichen Monokulturen

Gerade in wirtschaftlicher Hinsicht erweist sich aber auch der Vorteil der besonderen Betreuung, die die eigene Regierung dem Nordjura angedeihen lassen kann. In den ersten vier Jahren waren 22,5 Millionen Franken für die Unterstützung von konjunkturell geschwächten Betrieben aufgewendet und damit 300 neue Arbeitsplätze geschaffen worden. Diese Hilfe wird weitergeführt. Die jurassische Regierung kann sich voll einsetzen, denn im Artikel 47 schreibt ihre Verfassung vor, «für wirtschaftliche Entwicklung der Republik besorgt zu sein». So kann der Kanton für Kredite bürgen, Anleihezinsen übernehmen, Darlehen gewähren oder Industriegelände ankaufen. Im Zusammenhang mit diesen Aktivitäten wurde die Gesellschaft zur Förderung der Wirtschaft geschaffen, die von den vier Schweizer Großbanken, der Jurassischen Kantonalbank und der Jurassischen Spar- und Kreditbank getragen wird. Mit dem Steuergesetz wurden Erleichterungen geschaffen, die bereits auswärtige Unternehmen zur Ansiedlung bewogen haben. Der Jura kommt auch in den Genuß des Investitionshilfegesetzes für Bergregionen.

Besondere Bemühungen werden zur Diversifizierung der Wirtschaftsstruktur gemacht. Nicht nur der Süd-, auch der Nordjura hat sich in dieser Beziehung einseitig entwickelt. 50,5 Prozent der Werktätigen des neuen Kantons sind im industriellen Sektor beschäftigt, und die Ausrichtung auf Exportbranchen ist zu stark (Uhren und Feinmechanik). Heute weist der Informationsbeauftragte des Kantons, Charles-André Gunzinger, mit Genugtuung auf andere Aktivitäten hin, die erfolgreich sind. Zum Beispiel darauf, daß die 5000 Sessel des Flughafengebäudes von Singapur aus einem jurassischen Betrieb stammen, und daß hier auch die berühmten Schweizer Militärmesser fabriziert werden. In Courfaivre, in der Nähe von Delsberg, stellt jene Fabrik Motorfahrräder her, aus der einst die weitbekannten Töffs und Velos der Marke «Condor» stammten. Man weiß alle Tätigkeiten besonders zu schätzen, welche den Industriesektor breiter abstützen. Dazuzuzählen ist natürlich auch die Zigarettenfabrik Burrus in Boncourt oder das Töpfergewerbe von Bonfol. Während im Primärsektor, der Landwirtschaft, nur noch 10,7 Prozent der Bevölkerung beschäftigt sind, ist der tertiäre, der Dienstleistungssektor, mit Banken, Versicherungen usw. im Aufholen begriffen.

Das Existenzrecht eines Kantons ruht sicher nicht auf der Buchhaltung, doch hat sie Gewicht. Das jurassische Volkseinkommen liegt zurzeit mit 18000 Franken pro Kopf immer noch rund 5000 Franken unter dem

---

Der Kanton Jura in Zahlen

Bodenfläche 837 km²	**Grenzlänge mit**		**Gemeinden** 82
Bezirk Delsberg 302 km²	Frankreich	121 km	**Religion**
Bezirk Freiberge 218 km²	Südjura (Bern)	84 km	Katholisch 82,3%
Bezirk Pruntrut 317 km²	Amtsbezirk Laufen (Bern)	14 km	Reformiert 16,9%
	Solothurn	13 km	**Sprache**
	Neuenburg	200 m	Französisch 90%
			Deutsch 9,3%

Landesdurchschnitt. Stetes Bemühen ist also notwendig. Dabei wird immer wieder Gewicht auf Standortvorteile gelegt. Im Werbeheft «Jura pluriel», das von der Kultur- und Tourismusorganisation Pro Jura unter der Chefredaktion des Kulturbeauftragten Alexander Voisard herausgegeben wird, stand kürzlich zu lesen, der interkontinentale Flughafen Basel-Mülhausen sei ein Trumpf für die jurassische Wirtschaft.

Vor- und Nachteile einer Randregion

Nicht bevorteilt wurden die Jurassier einst vom Eisenbahnbau, und vor allem beim Bau der Nationalstraßen. Der Jura wurde regelrecht links liegengelassen: Er ist nicht an die Autobahnen angeschlossen. Das ist eines der typischen Beispiele für die jahrzehntelange faktische Nichtexistenz des Juras in der Schweiz. Zurzeit bemüht man sich mit einer «Transjurane», einer Nationalstraße N 6 von Boncourt nach Biel, diesen großen Fehler zu korrigieren.

In dieser Abgeschiedenheit vom schweizerischen Verkehrssystem liegt wohl auch einer der Gründe dafür, daß die Landschaft des Juras am Rande bisher von den Auswirkungen des Fremdenverkehrsbooms verschont geblieben ist. Diese Abseitsstellung hat heute ihre Vorteile. Während die Alpentäler und -höhen von Skirennbahnen verstümmelt und von Bauorgien zerstört worden sind, finden wir im Jura noch jene Stille und Naturnähe, die jetzt erst recht attraktiv geworden sind.

Zum Glück legt die jurassische Verfassung den Behörden nicht nur die Wirtschaftsförderung, sondern in den Artikeln 45 und 46 auch Umweltschutz und Raumplanung nahe. Darin und in der eifersüchtigen Aufmerksamkeit der politisch sensiblen Bevölkerung gegen die Überfremdung des Kantonsgebietes liegt die Hoffnung, daß das Kleinod Nordjura nicht zerstört wird.

(Schweizer Familie, 12. und 19. 10. 1983)

Vor 40 Jahren:
Ende des Aktivdienstes

Am 8. Mai erinnerte sich die ganze Welt des Endes des Zweiten Weltkriegs in Europa, und Anfang August war der Jahrestag des Atombombenabwurfs auf Hiroshima und Nagasaki an der Reihe, der einst das Ende des Zweiten Weltkriegs überhaupt erzwang. Und nun ist in der Schweiz auch ein eigener Gedenktag fällig: Am 20. August sind vierzig Jahre vergangen, seitdem der Aktivdienst unserer Armee – er hat 4,3 Milliarden Franken gekostet – nach fast sechs Jahren zu Ende ging.

Der feierliche Abschluß hatte zwar schon einen Tag früher stattgefunden. General *Henri Guisan* nahm am 19. August, einem Sonntag, im Beisein von Bundespräsident *Eduard von Steiger,* der Bundesräte *Karl Kobelt* und *Enrico Celio,* vieler hoher Offiziere und eines an die 4000 Menschen zählenden Publikums auf dem Platz vor dem Bundeshaus Abschied von der Armee. Es war eigentlich ein militärischer Festakt. Nach Festgottesdiensten in den Berner Kirchen defilierten am Nachmittag die 400 Standarten und Fahnen der Armee vor dem Oberbefehlshaber. Den Abschluß der militärischen Feier bildeten Ansprachen des Bundespräsidenten und des Generals, in denen der Armee wie der Bevölkerung der Dank für das zähe Durchhalten ausgesprochen wurde. Dem General als dem eigentlichen nationalen Symbol des Widerstandes nahm man das Pathos der Rede gern ab, als er mit bewegter Stimme ausrief: «Adieu, hehre Banner! Ich gebe euch intakt, frei und stolz den Landesbehörden zurück.»

TA-Inlandredaktor *Paul Künzli* beschrieb den Abzug des beliebten Generals vom Bundesplatz auf folgende Weise: «Am Schluß folgte eines der schönsten Erlebnisse dieses an schönen Erlebnissen reichen Tages. Als sich der General den Weg zu seinem Auto gebahnt hatte, wurde sein Wagen von einer fröhlichen und couragierten Kohorte von Kindern förmlich gestürmt. Flinke Buben und kleine Mädchen, von ihren Vätern gehoben und geschoben, hingen wie Kletten an den Trittbrettern und am Verdeck, viele Dutzende Hände streckten sich dem scheidenden ersten Soldaten unserer Armee entgegen, und leuchtende Sommerblumen wurden ihm zugesteckt und in den Wagen geworfen. Weder die starken Arme der Polizisten noch die beschwichtigende Stimme des regieleitenden Divisionärs vermochten dieser Invasion der Liebe und Verehrung zu wehren.»

Im Armeehauptquartier in *Jegenstorf* (an der Bern-Solothurn-Bahn gelegen) verabschiedete sich anschließend General Guisan von den Offizieren des Generalstabs und den Kommandanten. Mit dem am Montag, *20. August 1945*, veröffentlichten letzten Tagesbefehl ging der Aktivdienst auch offiziell zu Ende. Die Erinnerung an diesen festlichen Abschluß von fast sechs Jahren Aktivdienst (nur gerade eine gute Woche hatte gefehlt), drängt den, der sie aktiv miterlebte – ich war während über 800 Tagen im Dienst dabei –, zu Notizen der Erinnerung.

Die totale Politisierung einer ganzen Bevölkerung ist wohl nur mit totaler Aufreizung möglich. Der Prozeß begann 1933 mit Hitlers Machtübernahme in unserem Nachbarland und hatte sich 1939 bis zum letzten Buben verdichtet. Mit dem Radio war man immer dabeigewesen, und die schon damals massenweise aus dem Norden importierten großmauligen Blätter, im Boulevardstil prahlend und drohend heizten weiter an. Die Brandreden Adolf Hitlers, mit dem raukehligen Kampfgebrüll «Deutschland, Deutschland über alles!» der uniformierten Parteimassen klangen hysterisch und bedrohlich. In der Schweiz begannen Antipathie, Wut und Angst vor dem Krieg die letzten noch verbleibenden guten Nachbarschaftsgefühle zu verdrängen. Unter den rhetorischen Peitschenhieben wurde die *Saar* deutsch, später das *Sudetenland;* Nachbar *Österreich* wurde unter den Propagandahieben weich und ging «heim ins Reich». Man sah den Krieg kommen, einen Krieg einzig und allein nach dem Willen der Nazis. Im März 1939 ließ der Bundesrat an der Grenze vorsorglich die Minen laden, und am 28. August – die Deutschen marschierten in Polen ein – bot er den Grenzschutz auf.

Vor diesem hektischen und von breiter Wut geladenen Hintergrund (das gilt jedenfalls für die Mehrheit der Bevölkerung) begann der eigentliche Aktivdienst der Armee. Am *2. September* rückten nach dem Grenzschutz über 400 000 Schweizer ein und leisteten an diesem heißen Spätsommertag mit dem Stahlhelm am Arm den Fahneneid. Es war ein Schwur ohne Tränen der Rührung, einfach eine in dieser Stunde notwendige Handlung.

Ich marschierte mit Vollpackung in der Viererkolonne auf sonnenweichem Asphalt nach *Ins,* dem Anker-Dorf im Seeland. Nachts um elf Uhr auf dem gespenstisch dunklen Dorfplatz wurde scharfe Munition gefaßt; dann weiter an den Bielersee, nach *Neuveville.* In der Marschkolonne immer wieder die Frage: Ist's nun wirklich losgegangen, ist das der Krieg? Noch hatte man es nicht so recht begriffen. Die Nachrichten aus dem Weltgeschehen blieben zuerst eher spärlich, denn im Streß geht dem Soldaten der Kontakt zur Umgebung leicht verloren. Das Gefühl der Ungewißheit wird dann aber rasch vom Drill und den Kommandi der Führung überdeckt. Denken wird unbeliebt. Über den Sinn dieses Aktivdienstes freilich erübrigten sich Zweifel, er war allen klar. Insofern mußte die rasche Bereitschaft beruhigend sein. Im Bericht des Bundesrates an die Bundesversammlung zum Aktivdienst las ich später: «Im konkreten Fall unserer Mobilmachung 1939 war die ‹Bereitschaftsaufstellung› am dritten Mobilmachungstag beendet.» Diese uhrwerksgenaue Präsenz der helvetischen Milizarmee hat die Bewunderung der Welt erweckt.

Ich war als Arbeitsloser, als ein an Waldrändern Grübelnder und volkswirtschaftlich durchaus Entbehrlicher, eingerückt. Ich hatte also Muße zum Vaterlandsdienst gehabt. Andere mußten innert Tagesfrist das Pult oder die Werkbank verlassen und den Tornister packen. Alle Räder standen still. In meiner Regiments-Stabskompanie waren sämtliche mit Ausnahme eines Auslandschweizers pünktlich gekommen. Das war irgendwie beruhigend. Die Sache funktionierte. Erst viel später war zu erfahren, daß in dieser gleichen Zeit unser General in allen Generalstabsschubladen vergeblich nach Operationsplänen suchte. Das war weniger schön. Für eine sofortige militärische Verteidigung sei die blitzschnelle Mobilmachung bloß eine militärische Illusion gewesen, schrieb *Jon Kimche*. Die Armee sei zwar voll mobilisiert und bewaffnet, aber in bezug auf die Führung gar nicht kampffähig gewesen. Unsere Leistung hat das freilich nicht geschmälert. Wir pflegten bei solchen Feststellungen jeweils zu sagen, man müsse bei einem Großbetrieb halt nachsichtig sein und die Mängel mit straffer Disziplin ausbügeln. Auch darin lag es nicht an uns.

Die Kunst, den Tag totzuschlagen

Unser Milizmilitärdienst wird als Bürgerschule und sozial wichtige Begegnung der Klassen gelobt. Ich selbst hätte auf solche Schulung verzichten können, denn das Leben der Arbeiter und Bauern habe ich gekannt. Überdies funktioniert in der Armee solche Begegnung der Klassen eigentlich nur horizontal. Das *Gesellschaftsleben der Offiziere* blieb mir im Militärdienst unbekannt. Der böse Satz in Max Frischs «Dienstbüchlein» hat schon etwas für sich: «Der Bankier als Oberstleutnant, sein Prokurist mindestens als Hauptmann, der Inhaber mehrerer Hotels als Major, der Vorsitzende eines Konzerns als Oberst, der Fabrikant als Major, ein starker Mann auf dem Liegenschaftmarkt oder ein Hochschullehrer, der die Industrie forschend bedient, oder der Besitzer eines Zeitungsverlages, der Besitzer eines führenden Bauunternehmens, ein Verwaltungsrat hier und dort . . ., ihre Söhne vorläufig als Leutnants: eine Armee der Vaterlandsbesitzer, die sich unsere Armee nennt.» Und das Ganze mit Disziplin wirkungsvoll isoliert, nein, eine *Begegnung war das nicht.* Aber ich muß sagen: Interessante menschliche Beobachtungen ließen sich in diesen vielen Monaten machen. Da war etwa der grobschlächtige Freiburger Bauer, für seine schlechte soldatische Haltung bekannt, der nach dem zehnten Marschhalt dem bleichgewordenen Studenten im Funkerzug den Tornister trug. Oder der als Zeuge Jehovas bekannte Sonderling, der für den ihn ständig bewitzelnden Seeländer nach Mitternacht freiwillig Wache stand. Da war aber auch der Angestellte eines Berner Lebensmittelbetriebs mit Köfferchen voll Knäkkebrot, Ovomaltine und Schokolade im Stroh, der sich in der Rationierung jeden Morgen sein Sondermenü leistete, ohne je eine Krume wegzugeben. Und nicht zu vergessen der ehrgeizige Korporal, den wir den Radfahrer nannten, weil er nach unten strampelte und mit gebeugtem Rücken nach oben die militärische Karriere suchte.

Der Herbst 1939 und der Winter 1940 zogen sich in die Länge. Warten und angenehm leben ist nicht einfach. Ich habe nie am Sinn des Aktivdienstes gezweifelt, doch die Monate nach der Mobilmachung waren nicht leicht zu ertragen: 6.00 Tagwache, 6.15 Frühturnen, 7.00 Morgenessen, 7.30 Ausrücken zur Einzelausbildung und Zugschulung, 9.00 Schanzarbeiten, 12.15 Mittagsverpflegung, 14.00 Funkerübung und Telefonbau im Gelände usw. Tag für Tag, wochenlang. Zur Abwechslung Lieder von Hanns Indergand oder ein Vortrag, von der geistigen Landesverteidigung und vom letzt-herbstlichen Landi-Besuch inspiriert. Täglicher Tornisterkomfort ohne Feindkontakt. 110 Mann abends in der Dorfbeiz und nachts im staubigen Stroh. Die Witze des Spaßvogels begannen zu enervieren und die Klagelieder der Mitteilsamen ebenfalls. Urlaub für mich gab's nicht; wer sollte mich auch brauchen. Warum kam es keinem Kompaniekommandanten in den Sinn, Sprachkurse zu organisieren? Bei soviel Zeit. Die hohe Kunst, die Zeit totzuschlagen, wollte erlernt sein. Drillen war Trumpf. Schon in den 90 Tagen Rekrutenschule in *Freiburg* hatte ich erfahren, daß man das von der erfolgreichen Wehrmacht erlernt hatte.

1940
Die entscheidenden Sommerwochen

Der Koller verschwindet, wenn der Sinn des Daseins spürbar wird. Im Frühjahr und Sommer, als sich in wenigen Wochen die politische Geographie Westeuropas total veränderte, erfuhr die Armee ihre Aufgabe mit letzter Deutlichkeit. Im April und Anfang Mai half ich Tag und Nacht, den Neuenburgersee zu bewachen. In jenen kleinen Patrouillen war endlich die Pflege der Individualität, fern von all den vielen andern, möglich. Im nachhinein hat mir jene Bewachungsaufgabe auch Respekt vor der Cleverness der Armee abgenötigt. Erst nach dem Krieg erwies sich, daß es tatsächlich einen Plan, ich glaube, sie nannten ihn «Tannenbaum», gegeben hat, in dem auch auf dem Neuenburgersee landende Transportgleiter eine Rolle hätten spielen sollen. An uns wäre es dann gewesen – das ist dann wieder eine andere Sache –, mit Signalgeräten, blinkend und morsend, dem Divisionsstab auf der andern Seite des Sees die Ankunft des Feindes zu melden. Wenn der Boden nebelfrei gewesen wäre, hätten wir das innert einer Stunde durchaus bewältigen können.

In der beginnenden zweiten Akutphase des Aktivdienstes – nun wurde unser Land von den Achsenmächten völlig eingekreist – begann die eigentliche Bewährung. Mit Sack und Pack bin ich in der Zweierkolonne nach *Biel* gewandert und hernach über *Delsberg* nach *Le Locle*. Unerklärlich, aber wahr: Hier pfiff uns die Bevölkerung aus. Bereits waren die Deutschen auf «Krafträdern» am *Col des Roches* angefahren, unübersehbar besitzergreifend. An einem Nachmittag half ich einem Bauern beim Heuen. Nun spürte man den Krieg auf der eigenen Haut. Von zu Hause die Nachricht von der motorisierten Flucht der zivilen Heroen in die Berge. Was sollte aus meinen Angehörigen werden, wenn diese zackige Bande kommen sollte? Was aus *uns* würde, fragte keiner, das war allen ziemlich klar: Widerstand oder Untergang. War das nun das Ende?

Dann kamen die Meldungen von unseren Fliegern. Es waren richtige Aufsteller. Sie kämpften und schossen sogar deutsche Jäger ab. Bald wurde ihnen aber das Kämpfen verboten. *Pilet-Golaz* hielt am Radio seine berüchtigte Rede. Daheimgebliebene trafen sich zu ersten Zusammenkünften der «200». Der Politik war aus unserer Sicht nicht mehr zu trauen. Wie sich später herausstellte, hatten auch aufmerksame Offiziere große Zweifel. Das war die gefährlichste Phase des Aktivdienstes. An der Nordgrenze längs des Juras standen mehrere deutsche Panzerdivisionen, und in der Politik begann man das Thema Widerstand zu diskutieren. General Guisan machte dann in seinem *«Rütli-Rapport»*, unterstützt von Teilen der

Presse – ich erinnere mich an J.-B. Rusch, Schürch und Oeri –, solchen Zweifeln ein Ende: Die Armee zog sich zur handfesten Bekräftigung dieser Politik ins Alpen-Réduit zurück.

Die lange Armeepräsenz in Raten

In den folgenden Jahren gewöhnte sich die Schweiz daran, mit der Bedrohung zu leben. Die Armee richtete ihre Präsenz auf das dringend Nötige aus. Die Jahre der Ablösedienste, der Interniertenwachen und des «Soldatentrainings», um dem einmal so zu sagen, begannen. Als ich später das Buch «Das Boot ist voll» gelesen habe, stellte sich auch die Gewissensfrage dieser Zeit: «Hatten wir im Kampf um das nationale Überleben das Humanitäre vergessen?» Soldaten neigen dazu, im Freund-Feind-Schema zu denken. Die Antwort ist nicht von der Armee, sondern nur von jedem einzelnen zu geben. Die Armee hat Flüchtlinge in Empfang genommen und viele Internierte betreut. Auch einzelne Soldaten haben immer wieder menschlicher gehandelt, als es der Befehl ihnen vorschrieb. Dennoch lese ich im Tagebuch der Kompanie unter dem Datum 6. Oktober 1940 die Notiz: «Ein äußerst renitenter Franzose muß von *Täuffelen ins Bezirksgefängnis Aarberg* gebracht werden. Der Kerl hatte während des ganzen Tages versucht, über den Hagneckkanal aus dem Rayon zu gelangen. Beim letzten Versuch ließ ihm die Wache eine Kugel um die Ohren pfeifen. Darob furchtbare Aufregung, auch bei den Bauern, die schon vormittags Partei für einen ausgerissenen Spahi (französisch-nordafrikanische Truppen) ergriffen hatten. Unser liebes Volk kann immer noch nicht militärisch denken.»

Der Humanismus unter Uniformierten kann grobschlächtig sein. Vielleicht liegt darin aber auch ein Gran von jenem kalten nationalen Selbsterhaltungsegoismus, der damals die Eidgenössische Polizeiabteilung zu ihrer Herzlosigkeit trieb. Ich habe in jenen Jahren auf dem *Paßwang* internierte Russen gehütet, mit Maschinengewehren und viel Munition im Wachlokal. Wir haben die Waffen nie gezeigt und sind auf diese Weise, nur mit einem Dolmetscher verhandelnd, problemlos mit diesen bedauernswerten Menschen ausgekommen. Dennoch hatte das jahrelange Kriegserlebnis das Denken beeinflußt. Die Bomben auf *Hiroshima* und *Nagasaki* bedrückten uns kaum. Jedes Mittel zur Beendigung des Krieges war recht.

Die Meldung von der Invasion an der französischen Atlantikküste führte in den Truppenunterkünften der Armee zu Beifallskundgebungen. Den Vormarsch der Alliierten vor allem im Westen und im Süden verfolgten Bevölkerung und Soldaten mit größter Anteilnahme. Mit jedem Tag stieg die Gewißheit, vom Krieg doch noch verschont zu werden. In der *Ajoie* fand unsere letzte Tuchfühlung mit dem Krieg statt, als Franzosen und Marokkaner die Deutschen mit großem Artillerieeinsatz gegen den Rhein zurückdrängten. Bei Beurnevésin erlebten wir als Funker- und Telefonpatrouillen in den Wäldern an der Grenze neben den Einschlägen verirrter Artilleriegeschosse die gefährlichsten Nächte des ganzen Aktivdienstes.

Was hat der Aufwand des Aktivdienstes genützt? Ich bin überzeugt: Er war nicht umsonst. Die Armee hat entscheidend dazu beigetragen, den Krieg von unseren Grenzen fernzuhalten. Aber an ihr allein lag es nicht. Da waren auch der Widerstandswille der Bevölkerung und das Glück. Das Glück vor allem. Das geht auch aus dem Rapport des Schöpfers des äußerst wichtigen Anbauwerks, F. T. Wahlen, hervor, der feststellte, die Zahlen der Handelsstatistik hätten gezeigt, «daß uns eine Verlängerung des Krieges um ein weiteres Jahr mit großer Wahrscheinlichkeit der völligen Absperrung hätte aussetzen müssen». Auch dazu kam es nicht.

(Tages-Anzeiger Zürich, 20. 8. 1985)

Der Zweite Weltkrieg aus schweizerischer Sicht

1939

August
25. Der Bundesrat weist in einer Erklärung an das Schweizer Volk auf die Möglichkeit eines nahe bevorstehenden Kriegsausbruchs hin und mahnt zu ruhiger Haltung.
28. Der Grenzschutz wird aufgeboten und die Bundesversammlung zu einer außerordentlichen Sitzung einberufen.
29. Der Bundesrat erklärt für das ganze Land den Aktivdienstzustand.
30. Die Vereinigte Bundesversammlung ermächtigt den Bundesrat zu einer Neutralitätserklärung, erteilt ihm Vollmacht und wählt Oberstkorpskommandant Henri Guisan zum General.
31. Die Schweiz erklärt in Noten an Deutschland, Frankreich, Italien und Großbritannien ihre bewaffnete Neutralität.
September
2. Allgemeine Kriegsmobilmachung. Nachdem sie der Bundesrat schon am 1. September verfügt hatte, erfolgt der Aufmarsch von rund 430000 Mann. Eine Spionageabwehr wird aufgebaut.
November
9. Alarm in der Armee aufgrund von Gerüchten, die eine bevorstehende deutsche Westoffensive befürchten lassen. Urlaubsverbot.
10. Nachmusterung aller Dienstuntauglichen und Hilfsdienstpflichtigen bis zum 40. Altersjahr.

1940

April
10. Nach dem deutschen Einfall in Dänemark und Norwegen erlassen

Bundesrat und General Weisungen für eine Kriegsmobilmachung bei Überfall und Evakuation der Zivilbevölkerung.

Mai

10. Nazi-Deutschland greift Holland, Belgien und Frankreich an. Zweite Generalmobilmachung angeordnet. Panikstimmung in Teilen der Zivilbevölkerung; Flucht aus der Nord- und Ostschweiz in die Alpen.

14. Zur lokalen Verteidigung werden Ortswehren gebildet.

Juni

Schweizer Jagdflugzeuge in Luftkämpfen mit deutschen Maschinen über schweizerischem Gebiet. Abschüsse mit Opfern auf beiden Seiten. Die Reichsregierung protestiert heftig.

14. Zehn im Auftrag von Luftmarschall Göring schwarz eingereiste Saboteure verhaftet. Sie planten Sprengstoffanschläge gegen Flugplätze und Militärflugzeuge.

17. An der französisch-schweizerischen Grenze im Jura tauchen erste deutsche Panzer auf.

19. In den Freibergen betreten 30 000 französische und 12 000 polnische Soldaten auf dem Rückzug schweizerisches Gebiet und werden interniert.

26. Die Schweiz gibt die internierten deutschen Flieger und Flugzeuge frei.

Juli

7. Teildemobilmachung nach Abschluß der Kämpfe in Westeuropa.

25. Am Offiziersrapport auf dem Rütli verpflichtet General Guisan die Armee zum totalen Widerstand und gibt den Réduit-Plan bekannt: Preisgabe des Mittellandes im Kriegsfall und Zerstörung der Transitverbindungen.

November

6. Der Bundesrat ordnet, als Maßnahme gegen die ständigen nächtlichen Verletzungen des Luftraumes durch Flugzeuge auf dem Weg ins Mittelmeergebiet, die Verdunkelung des Landes an. – In diesen Tagen wird die weitgehende Rationierung verfügt.

Dezember

16. u. 22. Englische Bomben auf Basel und Zürich mit 5 Toten und Sachschaden.

1941

Januar

15. Die französischen Internierten kehren nach Frankreich zurück, das Kriegsmaterial wird Deutschland ausgeliefert.

Juni

22. Deutschland greift die Sowjetunion an. Truppenentlassungen in der Schweiz bis auf einen Bestand von ca. 70 000 Mann. Nun einmonatige Ablösungsdienste des Auszugs und der Landwehr.

Winter

Die deutsche Spionagetätigkeit und die Lauftraumverletzungen durch englische, später amerikanische Flugzeuge nehmen zu.

1942

August

19. Alliierter Handstreich bei Dieppe.

Oktober

16. Brotrationierung in der Schweiz.

November

1. Rationierung der Milch.

1943

März
20. «Märzalarm»: Der Nachrichtendienst der Armee warnt vor einem geplanten deutschen Überfall. Guisan trifft SS-General Schellenberg und erklärt ihm, die Schweiz werde ihre Neutralität unter allen Umständen verteidigen. Keine neue Mobilmachung.
September
3. Landungen der Alliierten auf dem italienischen Festland.
15. Verstärkter Grenzschutz im Süden nach der Kapitulation der italienischen Armee. Italienische Soldaten und Flüchtlinge überschreiten die Grenze. – Immer wieder notlanden amerikanische Bomber in der Schweiz.

1944

April
1. Amerikanische Flugzeuge bombardieren Schaffhausen. 40 Tote und große Zerstörungen.
Juni
6. Landung der Alliierten in der Normandie: Verstärkung der militärischen Bereitschaft. Entgegen dem Antrag des Generals verzichtet der Bundesrat auf sofortige Mobilisierung des Grenzschutzes.
August
29. Teilkriegsmobilmachung zum Schutz der Westgrenze.
September
12. Ende der Verdunkelung in der Schweiz.

1945

Februar
21. Heimschaffung deutscher, amerikanischer und britischer Internierter aus der Schweiz.
22. Bombardierung von Stein am Rhein, Neuhausen und Rafz: 17 Tote.
März
4. Bombardierung von Zürich und Basel: mehrere Tote und viel Sachschaden.
11. Elf Mann eines US-Bombers bei Wil mit Fallschirm abgesprungen.
April
13. Der Bundesrat beschließt, den Grenzschutz an der Nordgrenze zu verstärken.
17. Flüchtlingszustrom an der Nordostgrenze nimmt zu. Zwei Tage später wird die Grenze gegen Deutschland geschlossen. – Bombenabwurf im Tessin.
25. Deutsche Bodenseeflotte flüchtet in Schweizer Häfen.
Mai
8. Victory in Europe Day. Kapitulation aller deutschen Truppen. Ansprache des Bundespräsidenten, Tagesbefehl des Generals, Glockenläuten. Deutsche Gesandtschaft geschlossen. – Beginn der Demobilmachung.
Juni
20. Der Bundesrat verabschiedet General Guisan und entläßt ihn vom Kommando.
August
20. Ende des Aktivdienstes.
Dezember
27. Amtliche Mitteilung aus Bern: Die Bombenabwürfe im Zweiten Weltkrieg haben die Schweiz 84 Tote, 260 Verletzte und 60 bis 80 Millionen Franken gekostet.

Leutnant Jean-Louis Jeanmaire

In einer Mußestunde kann es einen ankommen, in der Vergangenheit zu blättern. Das Zeugnis der Primarschule kommt mir in die Hände, das Certifikat des Pensionats in Frankreich aus dem Jahr 1932, der Taufschein, das Schießbüchlein der Armee. An ihm bleibe ich hängen. Es heißt darin auf der dritten Seite: «Es ist gleich dem Dienstbüchlein sorgfältig aufzubewahren und bei jeder dienstlichen Einberufung sowie zu den obligatorischen Schießübungen in den Schießvereinen mitzunehmen und vorzuweisen.» Ich bewahrte es eben um dieser Mußestunden wegen, länger auf, als ich mußte. Auf der fünften Seite entdeckte ich nun unter Zahlenreihen, die meine Treffer im Wettschießen der Rekrutenschule darstellen, folgende Signatur:

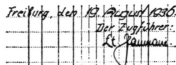

Tatsächlich, ich erinnere mich, Jean-Louis Jeanmaire war mein Leutnant gewesen.

Man lernt in der Rekrutenschule – damals dauerte sie 13 Wochen – einen Menschen gut kennen. Das darf auch ein Rekrut behaupten, obwohl er seinen Offizier immer nur aus der Froschperspektive zu Gesicht bekommt. Ich weiß nicht genau, wie es heute ist, 1936 jedenfalls besaß ein Leutnant Macht und Mittel, Rekruten fertigzumachen. Und ich habe in jenem Sommer in der alten Kaserne tief unten in Freiburgs Altstadt gesehen, wie Rekruten völlig fertiggemacht worden sind. Es blieb mir unvergeßlich.

Unsere Armee besitzt in ihrer Milizstruktur, in der echten Freiwilligkeit und im Wiederholungskurssystem viel Originelles und Selbsterdachtes. Daneben ist aber ihr Kader – die Profis wie die Amateure – stärker der Mode unterworfen als die Teenager. Vor dem Ersten Weltkrieg gab der Kaiser Wilhelm den Ton an, nach dem Zweiten Weltkrieg flossen die Manieren der siegreichen Yankees ein, und der Sechstagekrieg rückte als Vorbild die Israelis in den Mittelpunkt. In den dreißiger Jahren war es der Geist der Hitlerschen Wehrmacht, der *mit auffallender Schnelligkeit und Intensität* in unsere Armee eindrang. Nicht alle Moden waren so bereitwillig und gründlich übernommen worden; es mußte sich um eine besondere Neigung handeln.

Die Hitlersche Weiterentwicklung des wilhelminischen Preußenstils war eine ganz schlimme Mischung von diabolischen Praktiken, die die geistige Kastration des Individuums zum Ziele hatten, die totale Einfügung in den Apparat. In den Rekrutenschulen der mittleren dreißiger Jahre begann sich dieser Stil durch extremen, an Entpersönlichung grenzenden Leistungsdruck bemerkbar zu machen. Sadismus jeden Tag und Erniedrigung des Menschen in Uniform als System. Kahlgeschoren und mit abstehenden Ohren wurde der soeben zum vollberechtigten Schweizer Bürger avancierte Zwanzigjährige zum unterwürfigen Trottel gemacht. Man muß das erlebt haben: den beim Eindrillen einfältigster Bewegungen wild mit Beleidigungen um sich schreienden Korporal; den Tritt des Leutnants in den Hintern bei einem Fehlschuß im Schießstand, den wegen seiner praktischen Unbeholfenheit über Wochen bis zum Wahnsinn gequälten Studenten; die drohenden Dopingaugen unter dem schwarzen Mützenschild des brüllenden Instruktors; den vor den glänzenden schwarzen Stiefeln seines Leutnants zum Kriechen im Dreck befohlenen Kameraden. Der Geist der Konzentrationslager war sichtbar geworden.

All das habe ich in jener Rekrutenschule miterlebt. Und hier muß ich den Leser enttäuschen: Leutnant Jeanmaire zählte damals nicht zu den Schergen, zu denen er aus der heutigen Sicht eigentlich gehören müßte. Es war deutlich zu spüren: was er mit uns tat, das war von oben befohlen. Er ließ uns fühlen, daß er sich damit nicht identifizieren wollte. In diesem «verdammten Verein» ist nichts Besseres möglich. Tun wir so schnell wie möglich genau so viel, daß «die da oben» uns in Ruhe lassen.

Das Mundwerk des kleinen Schauspielers spielte mit. Ausgeprägt und spürbar jedoch selbst im aufgeblasenen Schimpfen mit seinen Rekruten die Verachtung des Metiers (das er dann zum Beruf gemacht hat) und die Verachtung gegenüber «denen da oben» (von denen er selbst einer wurde).

Aber *Angst vermittelte er* uns Kleinen nicht. Damals jedenfalls war er so. Diese selbständige Verhaltensweise hatten wir ihm hoch angerechnet.

Und nun ist er (zwar noch nicht verurteilt, doch alles deutet darauf hin) einer der schlimmsten Landesverräter geworden. Wie mag es vor sich gehen, wenn ein junger Mensch ohne extreme negative Eigenschaften zum Landesverräter wird? Zum Buhmann der Nation, zum Menschen, dessen Erscheinung und Taten Nationalräte nach der Todesstrafe rufen läßt? Zum Offizier, der mit den Sowjets zusammenarbeitet, obwohl er im Ruf stand, ein Kommunistenfresser zu sein?

Wie kann das gekommen sein? (Tages-Anzeiger Zürich, 13. 11. 1976)

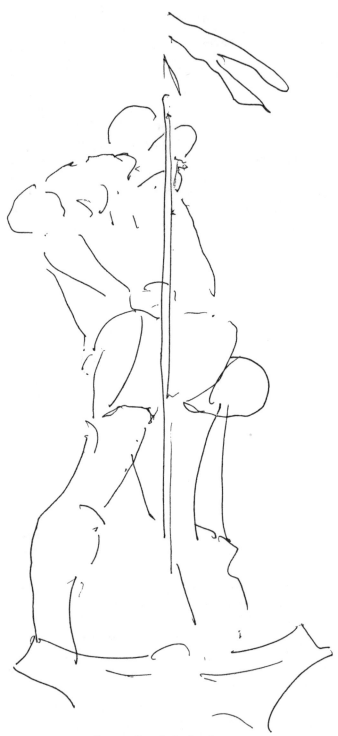

Brunnenfigur in Le Landeron

Es braucht das «Unschweizerische» ebenso wie das sogenannt «Schweizerische»

In Hans Tschänis politischem Wertsystem ist Toleranz ein zentraler Begriff. Der «Schweizergeist» braucht, damit er gesund bleibt, die ständige Auseinandersetzung mit dem oft als unschweizerisch empfundenen «Zeitgeist». In diesem Prozeß der ständigen Kritik sieht Hans Tschäni die für das Funktionieren der Demokratie existentielle Rolle der Medien. Nur solange die Schweiz in ihren Medien die offene Auseinandersetzung mit dem «unschweizerischen» Zeitgeist zuläßt, kann sie den Schweizergeist im guten Sinne bewahren.

Als Hans Tschäni 1982 Rückschau hielt auf die Rolle der Medien in der Schweiz in einem halben Jahrhundert, war er bereits pensioniert und konnte die Bilanz auch ziehen aus einer reichen persönlichen Erfahrung. Seine Schlußfolgerung, daß die Pressefreiheit heute nicht mehr gegen den Staat, sondern gegen die Wirtschaft verteidigt werden muß, entspringt daher nicht bloß theoretischem Nachdenken, sondern praktischem Erleben.

Und genau so, wie er der Pressefreiheit eine neue Stoßrichtung zudachte, kämpfte er ganz grundsätzlich für eine neue Definition der Individualrechte, für eine Aufwertung der Freiheit des Einzelnen gegenüber der Freiheit des Staates, für mehr britisches statt alteidgenössisches Staats- und Diskussionsverständnis.

Die Presse

zwischen Staat und Wirtschaft bedrängt

Zwei Kräftefelder haben die Presse durch die letzten fünfzig Jahre begleitet: das des Staates und jenes der Wirtschaft. Im einen Einflußbereich hieß das Stichwort «Pressezensur» und im anderen «Pressepression». In beiden Fällen ging es letztlich um den Spielraum, den man der Presse als Nachrichtenvermittlerin und vor allem als Meinungsbildnerin zugestehen will. Es geht um das Maß der Pressefreiheit. Der Unterschied zwischen Staats- und Wirtschaftsdruck besteht darin, daß diese Freiheit dort, wenn auch nicht sehr griffig, durch Art. 55 BV verfassungsgemäß garantiert ist («Die Pressefreiheit ist gewährleistet»), während hier die Einschränkung im Getriebe der Marktwirtschaft unter weitgehender Duldung des Staates geschehen kann.

Es gab und gibt Menschen, die der Presse keine Funktion im Staat zugestehen wollten und wollen – weder die eine, als Volksstimme im Interesse der Allgemeinheit Aufgaben einer «vierten Gewalt» zu erfüllen, noch die andere, innerhalb von Gesellschaft und Wirtschaft Öffentlichkeit zu schaffen. Wer die Interpretation der Pressefreiheit in der Schweiz durch Staat und Wirtschaft während der letzten fünfzig Jahre von «außen» und von «innen» beobachten und international vergleichen konnte, der weiß aber eines ganz sicher: Die Anwendung der Pressefreiheit ist der unfehlbare Maßstab für den wirklichen Gehalt einer Demokratie. Nur wer Öffentlichkeit und Opposition erträgt, ist demokratisch. Das Nichtvorhandensein der Pressefreiheit ist nicht bloß Beweis für das Nichtvorhandensein von Demokratie in den kommunistischen Staaten des Ostens und in den vielen kleinen Diktaturen der westlichen Welt, sondern auch Mikrometer für die demokratischen ebenso wie die nichtdemokratischen Tendenzen in einer halbdirekten Demokratie wie der Schweiz. Das gibt auch uns von der Presse eine «höhere» Berechtigung, für dieses Freiheitsrecht einzustehen.

Die Presse, einst ein politisches Gewerbe

Vor fünfzig Jahren war die Presse in der Schweiz ein bescheidenes Gewerbe. Der Kleinräumigkeit des Landes angepaßt, erzielten die größten Titel höchstens 50 000 bis 90 000 Auflageexemplare, und entsprechend den föderalistischen und auf die kleinen Kreise ausgerichteten Strukturen florierte eine Großzahl von Zeitungen schlecht und recht. Noch 1939 weist die Statistik die beeindruckende Zahl von 406 Zeitungen nach, von denen aber nur etwas mehr als ein Viertel Tageszeitungen waren. Die Redaktionen der kleinen Blätter arbeiteten mehrheitlich als Einmannbetriebe. Viele Zeitungen wurden von den Verlegern selbst redigiert. Solcherweise auf andere Blätter abgestützte «Scherenschnitt-Redaktionen» erhielten oft eine Verstärkung durch in der Freizeit einspringende, Leitartikel und Dorfberichte verfassende Schullehrer. Das Bild vom Stehpultbüro, das es auf dem Land noch in der Nachkriegszeit gab, trifft durchaus zu. Der Verleger war zuerst einmal Buchdrucker. Seine Zeitung erlaubte ihm den Unterhalt einer Setzmaschine (die er vor allem für seine Druckerei brauchen konnte), und überdies hielt sie ihn in der Region präsent. Das war die kommerzielle Variante der Struktur. Es gab aber und vor allem auch die politische. Der Verleger und sein Redaktor vertraten in dieser Variante in der Region den «roten» oder den «schwarzen», den «reformierten» oder den «katholischen» politischen Part. Und zwar taten sie das mit Herzblut und in Wahl- und Abstimmungs- wie in Krisenzeiten keineswegs zimperlich. Unterstützt von ihrer Anhängerschaft, waren sie weitgehend unabhängig. Die strafrechtliche Verantwortlichkeit, damals noch in zwei Absätzen des Artikels 55 BV genormt, bildete den Rahmen. Über dieser politischen Filigranschicht der kleinen hatte sich das Geflecht der auflagestärkeren mittleren und größeren Blätter gebildet, von denen manche sogar mit drei Auflagen am Tag erschienen. Im gemächlicheren Lebensstil erfüllten die Presse und, in einer gewissen Arbeitsteilung, das Radio ihre Nachrichtenvermittlungsaufgabe sozusagen gemeinsam. Die Agenturen lieferten, in Depeschenmeldungen formuliert, das ins Haus, was sich in der Welt ereignete. Nur ganz wenige Blätter konnten sich einen Auslandskorrespondenten leisten. In Bern verließ man sich weitgehend auf die Communiqués aus dem Bundeshaus. Mit diesem «Nachrichtenrohstoff» wurde gearbeitet.

Auch wenn diese Zeitungsmachergeneration das Recherchieren kaum kannte, wußte sie doch, von ihrem wirtschaftlichen Status her weitgehend unbelastet, innerhalb ihres Standortes mit ihrer Zeitung etwas anzufangen. Die Größe jener Presse lag im Räsonnement, in der politischen Führung der öffentlichen Meinung.

Typisch zum Beispiel das eingependelte Biotop der Vorkriegspresse in Basel. Hier das «Intelligenzblatt» «Basler Nachrichten», felsenfest untermauert vom wirtschaftlichen und weltanschaulichen «Stand» der Chemie und der «Dalbanesen» (die ihre «Nachrichten» später so schmählich im Stich lassen sollten) und deren konservative Innenpolitik vertretend. Geprägt wurde das Bild vor allem durch die Außenpolitk der Zeitung, «gemacht» von dem international bekannten Leitartikler und Chefredaktor Albert Oeri. Dort die «National-Zeitung», engagiert und mutig die soziale Wirklichkeit im Inland anvisierend und den neuen Strömungen aus Hitler-Deutschland kämpferisch entgegentretend.

Mit dem Untergang dieser beiden Blätter durch Fusion sind typische Imageträger der schweizerischen Kriegs- und Vorkriegspresse dahingegangen. Ihr Untergang war überdies ein typisches Schicksal für das moderne (lies: kommerzielle) verlegerische Denken der nachfolgenden Presseepoche. Als prägend für jenen Zeitabschnitt sind auch Journalistenpersönlichkeiten zu erwähnen, die mit ihren Kommentaren und Leitartikeln in einer Zeit, in der die Meinung von Redaktoren auch dann noch etwas gelten durfte, wenn sie nicht konform klang, die Szene profilierten. Ich denke neben Albert Oeri, insbesondere an den Chefredaktor des Berner «Bund», Gerhard Schürch, der sich auch in heikelsten Zeiten standhaft gegen alles «Braune» zur Wehr setzte, an «NZZ»-Chefredaktor Willy Bretscher und dessen Außenpolitik sowie an den großen Individualisten und Kämpfer für nationalen Widerstand und Recht, J. B. Rusch, mit seinen «Republikanischen Blättern».

Damit ist eine weitgehend kleingewerbliche Schweizer Vorkriegspresse silhouettiert, die sich dadurch auszeichnete, daß sie mit ihrer Haltung, ihren unerschrockenen Kommentaren und Leitartikeln das zur Geltung brachte, was im Volke lebte. Sie sprach auch Dinge aus, die nach der Meinung von gewissen Politikern und Offizieren im Interesse der Staatsräson nicht hätte ausgesprochen werden dürfen. Gerade damit erfüllten sie jedoch die Aufgabe einer moralischen Stütze und Führung in einem Staat, der zwar immer mehr Sozial-, Gewerbe- und Wirtschaftsschutz aufbaute, jedoch das demokratische Grundelement der Presse, die Meinungsäußerungsfreiheit, zunehmend ängstlich einschränkte. Daß sich darin ein Charakterzug unseres politischen Systems auswirkte, war schon damals zu ahnen.

Druck des Staates schon vor dem Krieg

Der Zeitraum zwischen 1933 und 1939 stellte für Verleger und Journalisten deshalb eine enorme Bewährungsprobe dar, weil sie von einer Politik bedrängt wurden, die die staatspositive Wirkung einer großzügigen Pressefreiheit verkannte. Während Staatsrechtler Carl Hilty in seinen Vorlesungen die Meinung vertrat: «Man muß die Pressefreiheit, wie übrigens alle demokratischen Staatseinrichtungen, in einem größeren Gesichtsfeld, sozusagen aus der Vogelperspektive, betrachten und für kleinere Mängel nicht allzu empfindlich sein», leitete Bern schon ein Jahr nach Hitlers Machtergreifung ein sonderrechtliches Presseregiment ein. Die bundesrätliche Presseverordnung vom 26. März 1934 war kein demokratisches Ruhmesblatt. Sie ermöglichte es schon in Friedenszeiten, Presseorgane, «die durch besonders schwere Ausschreitungen die guten Beziehungen der Schweiz zu andern Staaten gefährdeten», zu verwarnen und bei «Nichtbefolgung» zu verbieten. Der bekannte Völkerrechtler und spätere Minister Eduard Zellweger schrieb dazu im Jahrbuch der Neuen Helvetischen Gesellschaft 1939, diese bundesrätliche Verordnung widerspreche der demokratischen Ausgestaltung der Pressefreiheit und sei überdies ein Einbruch in das Wesen der schweizerischen Staatsidee: «Um so mehr entspricht das bundesrätliche Presserecht den Konzeptionen des Führers und Reichskanzlers Adolf Hitler», bemerkte Zellweger vielsagend.

Die gesetzliche Drohung des Bundesrates, bei zu freimütiger Kommentierung der außenpolitischen Vorgänge Zeitungen zu verbieten, bedeutete die Einleitung einer unwürdigen staatlichen Maulkorbpolitik schon in der Vorkriegszeit. Sie wurde im März 1934 eingeleitet, obwohl das Bundesgericht nur einen Monat zuvor in der Beurteilung des Verbots des kommunistischen «Kämpfers» durch die Zürcher Regierung erklärt hatte, eine so einschneidende Maßnahme wie das Verbot einer Zeitung könne nur in äußersten Fällen geduldet werden.

In der Folge wurden zuerst Zeitungen des braunen und des grellroten Flügels des politischen Spektrums verboten: zum Beispiel die Frontblätter «Adula», «Angriff», «Schweizerdegen» und «Schweizervolk» und später die braune «Neue Basler Zeitung» sowie die von Kommunisten oder antifaschistischen deutschen Emigranten beeinflußte «Freiheit» und die «Schweizer Zeitung am Sonntag». Die provokanten Töne der Frontblätter und der grobe Jargon in den roten Kampfzeitungen hatten der Öffentlichkeit den Abschied von diesen Presseprodukten freilich leichtgemacht. Dennoch ist es selbst in angespannten Friedenszeiten demokratisch unerwünscht, die Extremflügel vom Gespräch auszuschließen. Wichtige Ausmarchungen erfordern die Mitwirkung des gesamten Meinungsspektrums. Später zeigte es sich jedenfalls, wie notwendig die beharrlichen kritischen Kommentare und Leitartikel der Presse im Widerstand gegen den anschwellenden Faschismus gewesen waren. Der Bundesrat hatte am 7. Oktober 1938 das in Genf erscheinende «Journal des Nations» indessen schon deswegen für drei Monate verboten, weil in einem Artikel Clemenceaus Ausspruch *club des charcutiers* zitiert worden war. Es verhielt sich also keineswegs so, daß der Bundesrat damals nur deshalb eingriff, weil er Hitler vor strafrechtlich erfaßbaren Beleidigungen abschirmen wollte – Beleidigungen übrigens, die in Hitlers Reden selbst in Mengen vorkamen. Bundesrat und Presseüberwachung handelten vielmehr schon in der Vorkriegszeit unter dem Druck pressefeindlicher politischer und militärischer Kreise.

Journalistenarbeit mit der Goldwaage

Der Grad der Wertschätzung der freien Meinungsäußerung durch die Presse zeigt sich erst richtig in kritischer Zeit und in Jahren der äußeren Bedrohung. Im hereinbrechenden Krieg mußte sich die Neigung der Politik erst recht erweisen, im Interesse der Demokratie ein offenes Gespräch zu tolerieren. Erweisen mußte sich andererseits auch der Wille der Presse, dem Staatsdruck zu widerstehen und gleichzeitig berechtigten Staatsinteressen Rechnung zu tragen. Solcherlei Differenzierung erscheint mir, auch mit Blick auf die heutige Pressesituation, wichtig zu sein.

Der Zweite Weltkrieg war aus einer politischen Krise entstanden, die Volk wie Presse in allerhöchste Spannung versetzte. Die Folgen des unguten Versailler Vertrages, die Instabilität der Regierungen in Europa und die schweren sozialen Mängel hatten den Nationalsozialismus erst möglich gemacht. Der unwillige Ruf nach Erneuerung verhallte daher auch in der Schweiz, die 1936 nicht weniger als 120 000 Arbeitslose zählte, kaum mehr. Ein berechtigtes Unbehagen über das mangelhafte Funktionieren unserer Demokratie war weit verbreitet. Das rief auch unerwünschte Geister. Die Frontisten begannen anfänglich mit erstaunlichem Anhang ihre Trommeln zu rühren und in Verkennung aller helvetischen Wirklichkeiten stramm durch das politische Gelände zu marschieren.

Nicht nur Hitlers Diplomaten, sondern auch schweizerische Militärgrößen und Politiker verwünschten damals die Redaktoren unserer Zeitungen in die Steppen Asiens. Armee und Behörden waren absolut nicht geneigt, das freie Wort zuzulassen. «Wer nicht schweigen kann, schadet der

Heimat!» hieß ein Slogan, der an allen Plakatwänden klebte; er richtete sich gegen das Ausplaudern militärischer Geheimnisse, war aber auch symptomatisch für die Lage der Medien. Am 8. September, wenige Tage nach Kriegsausbruch, wurde eine verschärfte Pressekontrolle eingeführt. Allerdings hatte der Bundesrat dem Wunsch der Armeeführung nach Vorzensur nicht stattgegeben. Doch nahm nun der Staat, zuerst mit der Presseüberwachung unter der Leitung des Armeestabes und hernach unter jener des Bundesrates, die Presse mit verschiedenen Maßnahmen und Ermahnungen immer härter in den Griff. «Hatten die Armeen Hitlers Erfolge zu verzeichnen», schrieb Hermann Böschenstein im Buch «Vor unseren Augen 1939–1945», «wurde die Schraube angezogen. Erst nach Stalingrad und dem zweiten russischen Winter kam eine freiere Kommentierung zu ihrem Recht.»

Wie hat die Presse diese aus der Sicht der Pressefreiheit schwierigste Epoche der letzten fünfzig Jahre überstanden? Hat sie trotz des staatlichen und, wegen der Verbotsgefahr auch wirtschaftlichen Druckes ihre Aufgabe, Stimme des Volkes zu sein, erfüllt? Oder hat sie bloß stur und egoistisch Opposition gemacht?

Max Nef, Bundeshausjournalist und Autor des bundesrätlichen Berichts über die Presse in der Kriegszeit, schrieb im NHG-Jahrbuch 1942 mit viel Staatsbeflissenheit: «Nach etwas mehr als zwei Jahren des gegenwärtigen Presseregimes ist in der schweizerischen Presse im allgemeinen ein Grad der Diszipliniertheit erreicht worden, bei dem eigentliche Störungen durch exzessive Äußerungen nur selten anzutreffen sind.» J. R. Rusch, der kämpferische Kommentator der Kriegszeit, andererseits bekannte aus seiner praktischen Sicht: «Die Geistesäußerung disziplinieren, ja, das geht, ist zeitnotwendig und eine gute Schulung der Denkenden selbst. Aber auf das Bekenntnis der Wahrheit verzichten? Nein!»

Selbst vehemente Vertreter der Pressefreiheit auferlegten sich also angesichts der äußeren Bedrohung eine gewisse Disziplin, nachdem in Hitler-Deutschland praktisch alle Schweizer Zeitungen verboten worden waren. Nuancen des Widerstandswillens und der Disziplinierbarkeit läßt auch ein Zitat aus dem Artikel des Historikers Herbert Lüthy, ehemals Professor an der ETH und heute an der Universität Basel, in Georg Kreis' Buch «Die Aktion Trump» erkennen: «Die ‹National-Zeitung› war das einzige große Organ der bürgerlichen wenn nicht der schweizerischen Presse, das bis in den Sommer 1940 hinein noch den Stil der antifaschistischen Weltsolidarität und der Intellektuellenmanifeste von Amsterdam-Pleyel gepflegt hatte: mit der Umstellung der Tonart von Kober auf Gasser, beide waren Leitartikler der «National-Zeitung», von Weltkampf der Demokratie auf das ‹Erbe der Väter›, trat auch diese Zeitung ins Glied, nachdem auch am Elsässer Bahnhof das Gitter niedergegangen war.»

Die damals wirtschaftlich eher schwache Presse hatte also ihre Aufgabe, Stimme, Beistand und Fürsprecherin der Volksmeinung zu sein, im großen ganzen zu erfüllen vermocht. Sie wirkte teils von einem stark konformen und daher risikoscheuen Standort aus, und teils wagte sie es, in kritischem Stil die Dinge kraftvoll beim Namen zu nennen. Vor allem die damals als Prüfsteine stehenden Probleme der Außenpolitik wurden klar analysiert, obwohl das ängstliche Bern dies immer wieder zu verhindern suchte. Aber selbst die kritische Presse hat im Krieg die Grenze zwischen Biegen oder Brechen respektiert und damit die Staatsräson beachtet. Doch lehrt die Erfahrung heute, daß Pressefreiheit bei uns auch im Frieden nur unter Beachtung von großer Selbstdisziplin möglich ist. Engherzigkeit regiert in diesem Bereich unsere Demokratie.

Von der Traufe in den Regen

In den 35 Jahren seit dem Krieg haben sich die Presse und ihr Lebensraum gewaltig verändert. Anlaß dazu gaben das rasche Voranschreiten der Technik, die damit zusammenhängenden grundlegenden neuen Möglichkeiten im Kommunikationsbereich sowie der immer stärker ansteigende Einfluß der Wirtschaft in Konjunktur und Krise. Der Rückgang des Staatsdrucks war ein weiteres Merkmal. Die Fortentwicklung ist aber nicht in jeder Beziehung erfreulich verlaufen. Die Pressefreiheit geriet mehr und mehr von der Traufe des Staates in den Regen der Wirtschaft.

Nach Kriegsschluß fielen all die notrechtlich eingeführten Zensurfesseln dahin. Eine freie Kommentierung der Weltpolitik schien wieder möglich. Dennoch war in der Folge der Staat nicht pressefreundlicher geworden. Der Zürcher Medienrechtler Hans W. Kopp hat das kürzlich in einem Vortrag ebenfalls angetönt, indem er ausführte: »Unser Staat – womit im wesentlichen die Bundesregierung und -verwaltung gemeint sind – hat bisher den Medien gegenüber eine merkwürdig unsichere und oft zweigleisige Haltung eingenommen.« Die Nachrichtenvermittlung in der Demokratie ist in einem gewissen Rahmen zwar erwünscht, Magistraten wie Parlamentarier können es aber nur schwer ertragen, wenn ihnen in der Zeitung (oder gar im Radio oder am Fernsehen) am Zeug geflickt wird. Trotz auch andersliegenden Vorstößen hält der Staat die Presse, die Medien und ihre Journalisten immer noch an der kurzen Leine. Zwar sagt die Verfassung scheinheilig, die Pressefreiheit sei gewährleistet. Ohne jede Logik sind der Presse jedoch ein Recht auf Information ebenso wie ein Zeugnisverweigerungsrecht für Journalisten nicht zugestanden. Unser Staat will davon nichts wissen, obwohl diese Rechte in den allermeisten westlichen Demokratien selbstverständlich geworden sind. Hingegen kann dieser Staat nun wenigstens keinen direkten Einfluß mehr nehmen, anders als zum Beispiel bei den Monopolmedien, wo eine Kommission über die Einhaltung der Konzessionsvorschriften wacht. Auch da wird offensichtlich, daß sich die Stimmung gegenüber den Journalisten nicht gebessert hat.

Neben diesem friedensbedingten Koexistenzzustand zwischen Staat und Presse hat nun in den letzten drei Jahrzehnten die Fortentwicklung der Technik Elemente der Pressefreiheit in anderer Weise in Frage gestellt. Das Nachrichtensystem wurde weltweit verbessert, und mit Halbleitertechnik, Chips und Fernsehen wurde es auch erweitert. Insbesondere war es gelungen, die seit 500 Jahren angewandte Gutenbergsche Setz- und Drucktechnik zu revolutionieren. Zellophan ersetzte das Blei. Mit dem damit verbundenen gewaltigen Kapitaleinsatz begann sich das gute alte Pressegewerbe rasch zur Presseindustrie zu deformieren. Wir kennen die Folgen: Die Zahl der Zeitungstitel schrumpfte von über 400 auf rund 290, während sich gleichzeitig die Auflage auf 2,63 Millionen Exemplare fast verdoppelte. Diese Tendenz zur größeren Einheit hielt inzwischen an, und das helvetische Medienfiligran wurde verändert. Schwache konnten jetzt noch weniger als früher unabhängig existieren, doch ohne Unabhängigkeit wird die Presse zur Schuhputzerin der Wirtschaft. Diese Kapitalbedürftigkeit der modernen Presse ist auch einer (allerdings nur einer) der Gründe dafür, daß die Sozialdemokratie seit vielen Jahren im Spektrum ungesund schwach vertreten ist.

In der Mitte der siebziger Jahre zeigte sich die Veränderung der wirtschaftlichen Basis des Pressegewerbes für jedermann sichtbar. Viele Betriebe vermochten in der Rezession Kostenexplosionen und Inseratenschwund nicht mehr zu verkraften. Mehr als die Hälfte der Schweizer Zeitungen leben in den roten Zahlen. Das Inserat wurde als wirtschaftlicher Träger der Presse immer wichtiger; es macht heute allgemein rund achtzig Prozent der Einnahmen aus. Damit ist auch für einen finanziell gesund gebliebenen Verlag die Pressefreiheit zu einseitig abgestützt, und das ist in diesem Metier, das nicht allen nach dem Mund reden darf und dessen Textseiten mehr als ein Forum der Inserenten sein sollen, ein bedrückender Zustand der Abhängigkeit. Parallel zur technischen Revolution hatte sich seit dem Krieg ein monumentaler Werbemarkt aufgebläht, der sich in der Kapitaldimension von drei bis vier Milliarden Franken bewegt, der Summe, die die Werbung investiert. Die Bedeutung eines solchen wirtschaftlichen

«Magnetes» in der Entwicklung des Pressewesens läßt sich erahnen. Der Zürcher Werbeberater Jost Wirz sagte deutlich, daß im Wandel der Pressestruktur die werbungtreibende Wirtschaft das Zünglein an der Waage spiele: «Der Werbeauftraggeber», meint Wirz in einem Vortrag, «entscheidet letzten Endes über Sein oder Nichtsein zahlreicher Zeitungen.» Das ist die aktuelle Form der Medienpolitik.

In dieser neuen Sachlage hat sich eine meines Erachtens verhängnisvolle Gewichtsverschiebung im Pressebereich ergeben. Das Räsonnement, mit dem einst die wichtige Aufgabe des Richtungangebens, der öffentlichen Orientierungshilfe, wahrgenommen werden konnte, wurde in den Schatten der Nachricht gedrängt. Die Meldungen, die *news*, wurden zum Handelsobjekt der Marktwirtschaft. Doch die Dynamik des Marktsystems kannte auch hier kein Maß. Sie bewirkte, daß der Neuigkeitenfluß rasch nicht mehr genügte, so daß es bald mehr Nachrichten zu lesen gab, als es in Wirklichkeit gibt. Die Nachricht wurde deformiert, aufgeblasen, plakatiert, auf den Sockel gestellt und zum Verkauf auf die Straße getragen. Der Marktwert der Nachricht und ihre Inflation haben clevere, gewinngeile Businessmen und Lords ins Metier hineingezogen. Unnötige Nachrichtenträger wurden in der Folge als Vermarktungsprodukte ersonnen: die Boulevardblätter. Diese Spezies im Pressewald, zu denen sich auch unnötige Gratisblätter gesellten, sollten Folgen haben: Einesteils saugten sie den Nährgrund der Presse aus (Gratisanzeiger), und andernteils machten sie das Image des Journalistenstandes kaputt. Ich wurde vor einigen Jahren im australischen Melbourne von einem dort niedergelassenen Schweizer zu einer Party eingeladen, wo er mich als Omega-Vertreter vorstellte. Als er meine Verblüffung über dieses Vorgehen bemerkte, erklärte er: «Ich kann mich doch nicht von einem Journalisten begleiten lassen. Dieser Stand ist bei der hier herrschenden Boulevardpresse, die sich beim Nachrichten- und Inseratenfang der miesesten Mittel bedient, der letzte Dreck.» So weit sind wir hierzulande noch nicht ganz. Ein Imagewandel ist jedoch nicht zu übersehen. Heute, scheint mir, werden Journalisten im Unbeliebtheitsgrad nur noch von Bankiers übertroffen.

Ein anderer Wandel innerhalb der Pressestruktur, der mir jedoch positiv erscheint, hängt mit der eigenartig zwiespältigen Einstellung der Öffentlichkeit zu den politischen Parteien zusammen. Noch in der Kriegszeit bestanden bei manchen Blättern sehr starke Parteibindungen. Der gebräuchliche Begriff «Meinungspresse» hatte damit zu tun. Mit der Verschiebung der wirtschaftlichen Basis, dem verbreiteten Überdruß gegenüber zänkischem Parteijournalismus ebenso wie mit dem Aufschwung überparteilicher Meinungsblätter lockerten sich im Pressewesen die Bindungen an die

Parteien immer mehr. Die Tendenz zur Überparteilichkeit hat einen Zeitungstyp geschaffen, der heute sehr verbreitet ist und den man zur Meinungspresse in der modernen Auslegung zu zählen hat. In dieser Spielart des Pressemetiers wird versucht, die Auswirkungen von Technik und Wirtschaft in der modernen Presseindustrie mit hoher journalistischer Qualitätsvorstellung zu verbinden. Der heikle Unterschied zur konventionellen Meinungspresse besteht darin, daß hier die Journalisten nicht in die Parolenwelt einer Partei eingebettet sind, sondern auf der Basis eines eigenen liberalen oder sozialakzentuierten Weltverständnisses arbeiten. Der an der überparteilichen Zeitung tätige Journalist soll weltanschaulich ungebunden in seinem Metier stehen. Das erlaubt ihm, seine Berichte und Kommentare weder in Rücksichtnahme auf eine Behörde, eine Partei noch eine Wirtschaftsgruppe, die einer Parteirichtung nahesteht, frei zu gestalten. Der heutige Pluralismus erfordert in der Meinungsbildung eine solche Informationsquelle geradezu. Meines Erachtens liegt in dieser modernen Formel eine ganz große Chance, die Industrialisierungnachteile in der heutigen Presse aufzufangen. Dazu muß es aber gelingen, die Idee in populärer Auslegung zwischen Boulevardpresse und «Intelligenzblättern» in ihrer ganzen Größe in die Praxis umzusetzen. Versuche sind im Gang. Die heutigen Umstände haben, obwohl sie wesentlich komplizierter sind, eine gewisse Ähnlichkeit mit den Pressionsphasen während der Krisen- und Kriegszeit. Damals wie heute wird der Journalist, der sich in konformen Grenzen kritisch gibt, akzeptiert, ja geadelt. Reicht das jedoch? Nein! Für die nirgends angelehnte überparteiliche Presse genügt es keineswegs, wenn sie nicht bloß renditebringender Werbeträger sein will. Um sich zu legitimieren, muß sie mehr sein. Sie darf sich nicht mit dem Umschreiben von Bundeshauscommuniqués und dem Berichterstatten über Gesellschafts- und Gewerbeanlässe begnügen. J. B. Rusch, Prototyp eines unparteiischen Journalisten, hat es angedeutet, daß es auch in Pressionszeiten Grenzen der Rücksichtnahme gibt. Auch heute darf die überparteiliche Presse ungute Trends, etwa im Gesellschafts- oder Konsumentenbereich, nicht opportunistisch übersehen, sondern muß sie beim Namen nennen. Das erfordert jedoch eine gute Ausbildung und einen starken Willen zur Objektivität. Um bei solchem Anspruch an die Überparteilichen Mißverständnissen vorzubeugen: Nach Objektivität haben nicht nur sie zu streben. In einer wissenschaftlichen Untersuchung über die politische Aktivierung in der Schweiz berichtet der Soziologe Hanspeter Kriesi von einer teilweisen Unsachlichkeit der Pressequellen wie folgt: Diese Unsachlichkeit habe zwar nur begrenzte Ausmaße, müsse «aber für die Eigenberichte generell, vor allem aber für jene der ‹NZZ› und der linken Zeitungen im Auge behalten werden». Im Glashaus mit Steinen zu werfen wäre also niemandem zu empfehlen.

Es geht aber nicht bloß um faire Beurteilung und sachliche Kompetenz; intensivierte Ausbildung ist auch in ethischer Hinsicht nötig, wenn die Überparteilichen ihr hochgestecktes Ziel erreichen sollen. In der Zensur führten Ausdrücke wie «Galgengesindel» in außenpolitischen Artikeln zu Zeitungsverboten, während die Umschreibung solcher Aussagen nicht zu fassen war. Auch in der Zeit der Wirtschaftspression ist es häufig der Ton, der die Musik macht. In fairer Formulierung ist manches zu sagen. Manches jedoch, das gesagt werden müßte, wird verschwiegen, weil Sanktionen drohen, wenn es tatsächlich gesagt wird; noch bei bester Ausbildung (und selbst mit einem risikobereiten Verleger) werden auch «unparteiische» Aussagen dem Journalisten immer Probleme bescheren. Die achtzigprozentige Abhängigkeit macht anfällig.

Fazit

Die Presse hat mit neuen Tatsachen fertig zu werden. Sie sieht sich als wichtigstes Element der Demokratie vom Staat kaum abgeschirmt, während andererseits der Staat auch ihre Freiheit nicht mehr bedroht. Die Bedrängnis kommt heute eindeutig von der Wirtschaft, mit der die Presse aber in einer Art Symbiose leben muß. Ich vergesse nicht, wie mir vor sieben Jahren ein Zürcher Bänkler klagte, die «National-Zeitung» sei noch das einzige Blatt, das Communiqués der Soldatenkomitees abdrucke. Er habe sich mit einem Basler Offizierskameraden besprochen, wie lange man sich das noch gefallen lassen wolle. Nun gebe die Basler Industrie der «National-Zeitung» eben keine Inserate mehr. Das werde sie dann schon klug machen. Und aus einer andern Schweizer Stadt weiß ich, daß eine Zeitung von einer Partei bedrängt wurde: Wenn sie ihr die Spalten nicht öffne, werde ihr Mäzen den großen Druckauftrag anderswohin vergeben. Und endlich gibt es da ja auch noch den Fall Autolobby und TAM, wo «der Staat», das heißt die Kartellkommission, zwar koordinierte Pressionen feststellte, sich aber außerstande erklärte, am Druck der Wirtschaft etwas zu ändern.

Es steht für mich außer Frage, daß sich der Druck gegen die Freiheit der Presse weg vom Staat an Orte verlagert hat, an denen sie ebenfalls nicht geschützt ist – und daß sie sich dort, wie schon im Krieg, selber wehren muß, mit verlegerischer Standhaftigkeit und journalistischer Qualitätsarbeit.

(Tages-Anzeiger-Magazin – TAM, 10. 4. 1982)

Was ist schweizerisch – was unschweizerisch?

Zum Bundesfeiertag: Ein unhistorischer Vergleich mit historischen Motiven zum Thema Schweizergeist

Am Samstag ist 1. August; Bundesfeiertag. Wir Schweizer haben nicht nur Mühe, eine National*hymne* zu finden, die mehr als ein Männerchorlied ist, auch der National*feiertag* gelang uns nie so recht. Er war meist reduziert auf eine Stunde am Abend mit bengalischem Licht und vom Manuskript gelesener Rede. Uns Schweizern ist bei aller Zuneigung zum unverwechselbaren weißen Kreuz im roten Feld eine seltsame Hemmung eigen, wenn es darum geht, über dem Kanton den Bundesstaat zu feiern. In den letzten Jahren hat es gar den Anschein, als ob selbst diese Notation nicht mehr zu halten wäre: Man stellt die Programme um oder, wie heuer in Basel, läßt die Feier ausfallen. Das ist mehr ein Hinweis auf einen Stilwandel denn ein schlechtes Zeichen. Uns von der Zeitung gibt der Bundesfeiertag diesmal Anlaß zu einem kleinen «Geisterspiel»: Wie verhält es sich eigentlich mit dem so oft beschworenen alten Schweizergeist und dem so oft beschworenen Zeitgeist, ist die Frage, die wir uns stellen. Moderner ausgedrückt: Was ist typisch schweizerisch – was ist unschweizerisch? Wir möchten den Versuch, diese Geister einander gegenüberzustellen, mehr im staatspolitischen Bereich wagen. Das historische Geschehen soll dabei Nebensache sein.

Wir sind der Meinung, daß am 1. August nicht in erster Linie der Jahreszahl 1291 und des Rütlischwurs zu gedenken wäre, sondern ganz besonders der naheliegenderen und für die Erhaltung der Eidgenossenschaft ebenso wichtigen Ereignisse, die zur Gründung des Bundesstaates geführt haben. Der nachstehende Satz von Herbert Lüthy gibt die unmißverständliche Begründung dafür:

«Nicht aus fast tausendjähriger Wahrung und organischer Entfaltung des Angestammten, sondern aus dem zweimaligen Untergang der alten Eidgenossenschaft – 1798 und 1848 – ist der schweizerische Bundesstaat entstanden.»

So gesehen ist es wohl richtig, neben dem Text des Bundesbriefes auch Texte zu lesen, welche bei den Kämpfen um den Bundesstaat geschrieben wurden. Während nämlich das, was im Bundesbrief steht, interessante

Erinnerung ist, vermitteln uns Reden und Manifeste aus der bewegten Zeit vor 1848 sowohl einen Begriff vom «alten Schweizergeist» als auch eine Ahnung von der Funktion, die der ihm entgegenstehende «Zeitgeist» ausgeübt haben könnte. Beim näheren Hinsehen entdeckt man nämlich bald, daß sich die alte 1.-August-Formel von Gut (für das «typisch Altschweizerische») und Böse (für alles, was diesem Schweizergeist entgegenstand) gar nicht so leicht aufrechterhalten läßt. Denn von diesem Standort aus, der noch heute für viele Schweizer gilt, weil er ihnen in der Schule gegeben wurde, muß zum Beispiel die ganze Umbruchbewegung von der Helvetik über die Regeneration zum Bundesstaat als ausgesprochen unschweizerisch beurteilt werden. Sie führte ja stracks von den höchsten Idealen der alten Eidgenossenschaft weg in das, was der Schweizergeist mit Feuer und Schwefel verdammen mußte: In die «Unterjochung» der Kantonalsouveränität.

Wir pflegen über diese Stilunebenheiten hinwegzusehen, weil es in unserem Denken den Zeitgeist nur heute gibt, während das, was am 1. August feiernswert erscheint, in der verkürzten Fernbetrachtung ganz einfach «alten Schweizergeist» darstellt. Aus dieser Sicht ist es interessant, Ausschnitte aus zwei typischen Dokumenten des Jahres 1847 anzuschauen und sie einander gegenüberzustellen: kurze Passagen aus dem letzten Manifest der Sonderbundskantone und solche aus der berühmten Präsidialrede des Berner Radikalen und politischen Kämpfers Ochsenbein.

Der Zeitgeist Ochsenbeins: Einen neuen Bund bilden!

Der Berner Ulrich Ochsenbein war einer der stürmischsten Radikalen und Träger des liberalen Zeitgeistes. Er eröffnete als Präsident am Montag, den 5. Heumonat 1847, in Bern die ordentliche Sommertagsatzung der eidgenössischen Abgeordneten. Die berühmte Rede ist von einem ungemeinen Fortschrittsglauben und vor allem auch von der Idee des schweizerischen Bundesstaates getragen. Es ist offensichtlich, wie weit weg vom alten Schweizergeist jener Zeit die Gedanken Ochsenbeins sich bewegen:

«Das Bild, welches Europa im großen darbietet, findet an unserm Vaterlande ein treues Seitenstück im kleinen, mit dem alleinigen Unterschied, daß durch die Natur seiner Institutionen die Friktion der verschiedenen Meinungen in politischen und religiösen Dingen unendlich mehr begünstigt wird als anderwärts, daß folglich die Möglichkeit eines Ausbruchs der Gegensätze in helle Flammen um so eher vorliegt und daß eine Hebung und Erweiterung politischer und nationalökonomischer

Begriffe und Verhältnisse hier in der Wirklichkeit bereits erfolgt ist, während sie anderwärts als höchstes Ziel erst noch angestrebt wird. Die politischen Verfassungen aller Kantone, mit Ausnahme eines einzigen, bekennen sich – nachdem einige derselben erst in jüngster Zeit neu revidiert worden – zu dem ewig und einzig wahren Prinzip der Volkssouveränität, stellen die politische Gleichheit aller Staatsbürger her und gewährleisten die besten und edelsten Güter des Bürgers und des Menschen – alles Bestimmungen, durch welche ohne Zweifel eine längst ersehnte materielle Einheit in der Eidgenossenschaft hergestellt ist. – In der bürgerlichen Gesetzgebung sind an die Stelle des schwankenden, auf der Tradition beruhenden Gewohnheitsrechts oder mittelalterlicher, die Menschheit entehrender Institutionen geschriebene Gesetze, Denkmäler der Humanität und geläuterter Rechtsbegriffe, getreten. – Die Volksschulen, die sicherste Grundlage eines jeden Freistaats, sind im Vergleich mit andern Staaten auf der höchsten Stufe, und ebenso ist auch für den höhern wissenschaftlichen Unterricht auf die erfreulichste Weise gesorgt. – In den günstigen Resultaten bewährt sich das Prinzip des freien Handels und Verkehrs, des Laisser-faire, und wird tatkräftig unterstützt durch möglichste Beseitigung der natürlichen und künstlichen Hemmnisse, durch Regulierung der Zölle und durch die sorgfältigste Unterhaltung der bereits vorhandenen wie durch Anlegung neuer Straßen, nicht selten über Berge, welche die Schneeregion weit überragen. Auf dem ganzen Erdenrund, soweit die Beharrlichkeit des kühnen Briten festen Fuß gefaßt, findet ihr den freien Schweizer als treuen Begleiter an seiner Seite, einen Absatz zu suchen für die Produkte der Kunst und des Fleißes seines Vaterlandes. Dieses Freihandelsprinzip wird ein höchst wirksames Förderungsmittel finden in der neulich hergestellten Schienenbahn, welcher durch die unberechenbare Macht der Assoziation bald andere folgen werden, und ein noch wirksameres in dem Zollkonkordat, das, bereits in weitern vaterländischen Kreisen angeregt, auf die Beseitigung der innern Zölle und Weggelder abzielt.

Aber mit jenem allgemeinen geistigen Fortschreiten und mit dieser nur nach manchem mühevollen Kampfe Schritt für Schritt errungenen materiellen Einheit steht die äußere Verkörperung schweizerischer Nationalität im schroffsten Widerspruche. – Während sich im ganzen Volke mit geringer Ausnahme das ausgeprägteste Gefühl der Einheit und Nationalität aufs schönste und evidenteste kundgibt, sind wir äußerlich und staatlich nur durch ein loses Band verbunden, das einst im allgemeinen Schiffbruch der Völker der entzweiten Eidgenossenschaft als Rettungsbalken hingeworfen ward, und stellen äußerlich eben infolge dieses gehaltlosen Bandes, das Bild eines Schiffes dar, welches, zusammengefügt aus wurmstichigen Balken eines frühern Schiffbruchs, ohne Steuerruder und Magnetnadel mühsam und schwerfällig dahintreibt, und, der Möglichkeit beraubt, durch die sturmbewegten Wellen der Zeit in den sicheren Hafen geordneter, einheitlicher Staatsverhältnisse zu gelangen, hin und her geschleudert wird durch die unheilvollen Wogen der Leidenschaften, die eben in diesen entfremdenden Zuständen reiche Nahrung finden.

Hier, o Eidgenossen, hier ist die Wunde, an welcher das Vaterland leidet; hier, ihr Boten der Stände, hier Hand anzulegen und den Bund in Einklang zu bringen mit den Forderungen der Zeit, mit den Begriffen und Gefühlen des Volkes, das ist eure heilige, unabweisbare Pflicht. Die scheinbar endlosen und unüberwindlichen Schwierigkeiten sind mit Entschlossenheit, mit festem Willen, mit reiner Vaterlandsliebe auch hier zu beseitigen. Die in den Verfassungen sämtlicher Kantone übereinstimmenden wesentlichsten Grundsätze können und sollen die gerechte Grundlage eines neuen Bundes bilden, welcher auf dieser Basis, und mit möglichster Schonung der Kantonalsouveränität und der Eigentümlichkeit der verschiedenen Stände, eine Gesamteidgenossenschaft darstelle.»

Schweizergeist: Fluchwürdiges Joch der Centralgewalt

Am 29. Weinmonat (Oktober) des Jahres 1847 veröffentlichten die Gesandten der Sonderbundskantone Luzern, Uri, Schwyz, Ob- und Nidwalden, Zug, Freiburg und Wallis an der Tagsatzung in Bern ihr *Manifest*. Sie beriefen sich darin «auf das Wesen der ewigen Bünde» und auf den von den konservativen Feudalmächten Europas anerkannten Bundesvertrag vom 15. August 1815, nach welchem der «unverletzte Bestand der Kantone als Staatskörper» die Grundlage des schweizerischen Bundessystems bilden solle. Sie vertraten in ihrem Manifest damit und mit andern Grundsätzen zweifellos den «Schweizergeist» der Alten Eidgenossenschaft. In dem Dokument heißt es wörtlich:

«Frei sind die zwei und zwanzig souveränen Stände in Bund getreten, im Besitze unbedingter Souveränität und zum Schutze dieser Souveränität gegen jedweden Angriff. Die Souveränität haben sie weder an den gesamten Bund, noch an die Mehrheit der Bundesglieder abgetreten oder veräußert. So oft daher die Tagsatzung oder die Mehrheit derselben sich mit der Souveränität einer oder mehrerer Stände in Widerspruch setzt, sind diese befugt, den Machtgeboten derselben ihren Widerstand entgegenzusetzen. Nur so läßt sich denken, daß die Freiheit, Selbständigkeit und Souveränetät der Kantone sich gegen Eingriffe der Tagsatzungsmehrheit schützen und retten können.»

Gegen den Schluß des acht Folianten füllenden Schriftstücks finden sich die folgenden berühmten Passagen:

«Seit eine schweizerische Eidgenossenschaft besteht, wurde die despotische Lehre nie anerkannt, daß die Minderheit souveräner Stände der Mehrheit derselben unterworfen sey, unterworfen sey zumal in Dingen, welche unbestritten der Kantonalsouveränität anheimfallen ... Wenn dieser Mehrheitszwang Geltung hat, so ist der Bundesvertrag, eidlich beschworen von allen Ständen, zerrissen, so ist der

Geist der freien Eidgenossenschaft verschwunden, so ist das fluchwürdige Joch der Centralgewalt auf dem Nacken unterdrückter Eidgenossen. Es ist eine solche Ordnung der Dinge gleichbedeutend mit der durch die beharrlich angestrebte Bundesrevision in Aussicht gestellten, nach der Kopfzahl berechneten Stellvertretung an der Tagsatzung. – Die sieben Stände Luzern, Ury, Schwyz, Unterwalden, Zug, Freyburg und Wallis sind entschlossen, einer solchen Bundesrevolution einen Widerstand auf Tod und Leben entgegenzusetzen.»

In dem beachtenswerten neuen Buch «Die Geschichte des Sonderbundskrieges» von Dr. Erwin Bucher, das vor allem mit gewissen Greuelmärchen über die Rolle der bösen Jesuiten in dieser Phase der Geschichte aufräumt, wird das Manifest als Fehdehandschuh bezeichnet, den der Sonderbund den liberalen Tagsatzungsständen hingeworfen habe. Jedenfalls beschloß die Tagsatzung nur sechs Tage, nachdem das Manifest erschienen war, die *bewaffnete* Auflösung des Sonderbunds. Es kam zum Sonderbundskrieg und damit zur schwersten Krise in unserer Geschichte. Obwohl das Schriftstück also in einer Phase der höchsten politischen Erregung geschrieben wurde, darf man es – zusammen mit vielen andern z. B. als gültiges Beweisstück für typischen alten Schweizergeist in Anspruch nehmen.

Wir finden in der voranstehenden Gegenüberstellung Fragmente von zwei grundverschiedenen Geisteswelten: des aus einer fünfhundertjährigen Geschichte erhaltenen Denkens der Alten Eidgenossenschaft und des beflügelten Zukunftsglaubens an einen schweizerischen Bundesstaat. Beide sind sich in den gleichen Jahrzehnten begegnet und haben sich buchstäblich bis aufs Messer bekämpft. Rein äußerlich gesehen hat dann die jüngere Idee die ältere überwunden, und der Bundesstaat wurde gegründet. Wir haben uns sehr gut an ihn gewöhnt, obwohl sich die Träger des alten Schweizergeistes, den wir besonders am 1. August so gern beschwören, im Grabe umdrehen würden, wenn sie wüßten, was mit ihren Souveränitäten geschah. Wir haben uns so daran gewöhnt, daß wir uns als unbestrittene Träger des Schweizergeistes vorkommen.

Muß uns das nicht darauf hinweisen, daß das populäre *Denkschema* «Schweizergeist/schweizerisch/gut – Zeitgeist/unschweizerisch/schlecht» selbst einer oberflächlichen Prüfung nicht standhält? Dabei wenden wir es auch heute noch in der politischen Auseinandersetzung recht gern an: «Diese Kritik ist nicht staatserhaltend, sie entspricht nicht schweizerischem Denken!» Nur das, was pragmatische Wirkung hat, ist schweizerisch denkbar.

Das muß uns auf die beiden Stichwörter «Freiheit» und «Toleranz» bringen.

Wir sind stolz auf die *Freiheiten,* die wir in unserem Staat genießen. Gleichzeitig stoßen wir auf so ernüchternde Einschränkungen dieser Idee wie zum Beispiel kürzlich die administrative Versorgung in vielen Kantonen: Der Arm des Staates, die Polizei, kann ohne langes Federlesen Menschen hinter Gitter stecken, wenn sie in materiellen Dingen oder solchen des Stils dem Schema der Gesellschaft nicht konform sind. Man spricht dann nicht von Menschen, sondern von *Elementen.* Es gibt noch andere Dinge, die darauf hinweisen, daß wir einerseits sehr freizügig scheinen, andererseits aber erstaunlich rasch Freiheit der Gemeinde oder dem Staat opfern. Es ist eben so, daß der schweizerische Freiheitsbegriff viel mehr auf die Kommunal- als auf die Individualfreiheit hält. Das ist ein Erbstück aus der Alten Eidgenossenschaft, und es ist ein Hemmnis in der modernen Demokratie. Die braucht viel mehr die Auseinandersetzung als die Konformität und damit ganz besonders auch die Freiheit des Individuums neben der Freiheit des Gemeinwesens, des Staates.

Das führt uns zum zweiten Stichwort: der Toleranz. Wo wäre die Eidgenossenschaft gelandet, wenn sie sich 1848 nicht aus der Sackgasse in den Bundesstaat hätte flüchten können? Genauso, wie damals die Nonkonformisten des Liberalismus nötig waren, damit sich das Staatswesen weiterentwickeln konnte, so braucht es auch heute die extremen Varianten des Zeitgeistes, wenn die Demokratie nicht verfaulen soll. Es braucht das «Unschweizerische» ebenso wie das sogenannte «Schweizerische». Die guten Erfahrungen, welche viele Träger des «alten Schweizergeistes» mit dem aus dem «Zeitgeist» hervorgegangenen Bundesstaat gemacht haben, müßten gerade sie tolerant stimmen. Denn die Frage, welcher «Geist» heute der richtige ist, das wird endgültig erst die Geschichte beantworten.

Kommt hinzu, daß eine echte Demokratie, wie die Schweiz zweifellos eine ist, die ganze «Geisterschar», die in ihren Mauern wohnt, spielend zu verkraften vermag. Toleranz ist in unserem Fall also nicht einmal ein Risiko.

(Tages-Anzeiger Zürich, 21. 7. 1970)

Die Neurose des Schweizergeistes

Hier sei nun einmal, in der Diskussion über die gegenwärtige Unsicherheit im politischen Gespräch und der Nervosität auf Straßen und Plätzen, nicht von der «Linken», sondern von der «Rechten» die Rede. Diese «Rechte» selbst wird zwar nicht glauben wollen, daß sie in diesem Zusammenhang ein Diskussionsthema sei, denn sie nimmt für sich in Anspruch, die bestehende Gesellschaft und die geltende Staatsform vor tödlichen Gefahren der Veränderung verteidigen zu müssen. Nun wurde aber am vergangenen Samstag im Tages-Anzeiger auch von Stadtpräsident Dr. Sigmund Widmer von der Existenz einer «extremen Rechten» als Gegenpol zur «extremen Linken» gesprochen. Damit ist diese an sich natürliche Polarisierung, die in jeder freien Staatsordnung möglich sein muß, von der man aber in der Schweiz praktisch nie spricht, sozusagen «amtlich bestätigt» worden.

Nach unserer Auffassung ist die Schweiz viel stärker für den Rechts- als für den Linksradikalismus anfällig. Dieses Phänomen – es ist jenes des Schweizergeistes – ist bei der Beurteilung der gegenwärtigen Unruhen unter allen Umständen mitzubeachten; es hat sich in unseren Staatsschutzgesetzen und in unserer Bereitschaft, bei der Freiheitszumessung dem Staat den Vorrang vor dem Individuum zu geben, sehr deutlich niedergeschlagen. Beide ermöglichen es zum Beispiel, daß so harmlose Oppositionserscheinungen wie das Verteilen von Flugblättern (in Aarau) oder das Hektographieren von Schülerzeitungen (in St. Gallen) mit so massiven Mitteln wie Festnahme oder Beschlagnahmung unterdrückt werden können. Und zwar regulär unterdrückt, weil unsere Gesetze in bezug auf den Staatsschutz keinen Unterschied zwischen Krieg und Frieden machen. Wir möchten nachstehend versuchen, dieses Phänomen etwas genauer zu untersuchen.

Als vor anderthalb Jahren die Universität Basel den siebzigsten Geburtstag von Professor Bonjour feierte, da stand in der Festgabe zu lesen, von alters her sei in jedem Volk ein ganz bestimmtes *Bild* der Vergangenheit lebendig, «ein Bild, das nicht nur auf rein geistigem, sondern auch auf politischem Gebiet Gesinnung und Tätigkeit wesentlich zu beeinflussen» vermöge. Dabei spiele in den meisten Fällen die einstige Wirklichkeit nur eine bescheidene Rolle. Man folge vielmehr lieber *Leitbildern,* die dem jeweili-gen Wunschdenken entsprechen. Dadurch entstehe dann zwangsläufig ein verzerrtes und getrübtes Bild vergangener Zeitläufte. Der Vorgang sei ebenso in gelehrten wie in volkstümlichen Kreisen festzustellen.

Mir scheint, manches, was zurzeit in der Schweiz geschieht, werde tat-sächlich viel stärker von solchen *»lieben Leitbildern»*beeinflußt, als wir selbst glauben. Man erklärt das auf verschiedene Arten. Karl Schmid z. B. sagte, im allgemeinen sei das, was wir in der Geschichte als Früheres bemer-ken, in der heutigen Seele noch als Unteres vorhanden. Er tippte also auf das kollektive Unbewußte. Herbert Lüthy andererseits spricht von einer im hadernden Rückzug vergoldeten Welt, vom alten *Schweizergeist der Kol-lektivfreiheit der Stammesgemeinschaft,* in welcher der Einzelne unentrinn-bar an Überlieferung, Sitte und Väterglauben gebunden sei, die Einzelgän-ger nicht dulde und keine Toleranz für fremden Geist und fremde Sitte kenne.

Die beiden Geisteswelten

Ich glaube, daß die Existenz von so etwas wie einem alten Schweizergeist zwar zur Nation gehört, die Frage ist bloß, ob wir ihn auch zur Staasreligion erheben wollen. Die Frage ist, ob der Schweizergeist staatliche Weiterent-wicklung noch zuläßt oder alles blockiert und *ob der zum Vaterlandsverräter diskriminiert wird, der ihn zu kritisieren wagt.* Und die Frage ist schließlich auch, ob wir wissen, was dieser alte Schweizergeist überhaupt ist, ob er ein Phantom im Staat sein darf, das alle Gesetze, alle Behörden beherrscht und das mit gespenstischer Hintergründigkeit jederlei Zeitgeist sozusagen von Gesetzes wegen verhindert. Es geschehen in der jüngsten Zeit auf unseren Trottoirs, auf unseren Straßen, in unseren Ratsälen, in den Gerichten, in den Zensurkommissionen, in den Schulen, in den Regierungen immer wie-der *Zeichen,* und es passieren andererseits *Provokationen und Intoleran-zen,* die, so glaube ich, typische Merkmale zu tragen beginnen. Es handelt sich um die Auseinandersetzung von *zwei Geisteswelten,* deren eine unbe-schwert aus modernen Ideen schöpfend provoziert, während die andere sich als schweizerisch und legal bezeichnet. Mit den Gesetzbüchern in der Hand kann sie die erste als illegal verurteilen. Mit allen Rechten und Mit-teln unseres Staats und unserer Gesellschaft kann sie das, ganz einfach in-dem «Recht und Gesetz Nachachtung verschafft wird».

An dieser Stelle scheinen mir einige Gedanken über die Unruhe am Platz zu sein, die unsere Gesellschaft und unseren Staat erfaßt hat. Weil ich der Meinung bin, der *Hinweis auf die Gesetze allein* und ihre Verteidigung durch Polizei, Militär oder Strafrichter genüge heute nicht mehr, die Probleme zu klären oder gar zu lösen, müssen wir den Kreis etwas weiter ziehen.

Monopol auf Patriotismus

Wie bereits angetönt, glaube ich, daß in unserem Land mit seiner halbdirekten Demokratie, seiner Kantons- und Gemeindesouveränität, seiner allgemeinen Wehrpflicht, seiner Milizvorstellung in der Politik, seiner eigenartigen Mischung von Autarkie und Nationalismus, seiner Traditions- und Geschichtsgläubigkeit, daß in diesem Land *der sogenannte alte Schweizergeist eine besondere Rolle spielt.* Wer unsere Innenpolitik eine Zeitlang genauer verfolgt, der weiß, was gemeint ist; er spürt, was nicht nur Politiker und Bundesräte, sondern auch große Teile des Volkes unter Schweizergeist verstehen. Für sie alle ist nämlich der alte *Schweizergeist* ganz einfach synonym für «währschaft», für Qualität und Freiheit, für Rütli und Demokratie und Sempach und für gut. Dem steht *der Zeitgeist* gegenüber, dessen Assoziationsreihe das Gegenteil der genannten Positiva darstellt: Zeitgeist bedeutet unschweizerisch, unsicher, qualitativ minderwertig, traditionsfern, fremd, Mao, rot und vaterlandsfeindlich.

Was ist nun aber das, was wir als alten Schweizergeist bezeichnen, in Wirklichkeit? Ist es eine Nationalphilosophie, eine Realität, oder ist es ein Phantom? Ist es die einzige «wahre Schweiz», die mit Zähnen und Klauen verteidigt werden muß – auch *in Friedenszeiten?* Man ist gezwungen, sich diese Frage zu stellen, denn weder ein Oberst noch ein Bundesrat noch Herr Schwarzenbach besitzen ein Monopol auf Patriotismus. Viele andere fühlen sich ebenfalls für die Schweiz verantwortlich. Bloß weigern sie sich, zu glauben, die schöne und die wahre Schweiz könne nur von einst sein. Was also ist der alte Schweizergeist, von dem unser *offizieller Patriotismus* erfüllt ist und in dessen Namen oft engagierte Opposition als illegal unterdrückt wird?

Die Antwort ist nicht leicht zu geben. Vermutlich wäre der Psychologe zuständiger als der Historiker. Ich denke, daß es sich beim Schweizergeist um eine Legierung handelt, deren Spurenelemente aus vielen Jahrhunderten stammen. Sie enthält Ueli Rotach und Winkelried neben Dunant und Pestalozzi – dominieren dürften aber noch heute Wilhelm Tell, Jeremias Gotthelf, Jacob Burckhardt und Albert Anker. Diese Gestalten stehen jedenfalls unendlich viel größer in der helvetischen Traumwelt als etwa Philipp Albert Stapfer, Corbusier, Frisch oder Dürrenmatt.

Hinzu kommt die Tücke, daß nationale Geister sich verändern. Pestalozzi zum Beispiel sieht in der Vorstellung des alten Schweizergeistes anders aus, als Heinrich Pestalozzi zu seiner Zeit in Wirklichkeit war. Zum richtigen Verständnis sei ein praktischer Vergleich zur Illustration gegeben und dazu die erste Hälfte des letzten Jahrhunderts gewählt, als alter Schweizergeist die schwerste Runde seiner Geschichte auszutragen hatte. Wie waren damals die Rollen verteilt?

Das war alter Schweizergeist!

Die Geburtswehen des schweizerischen Bundesstaats im 19. Jahrhundert wurden während langer Zeit als die große Auseinandersetzung mit dem Katholizismus und seinem Jesuitenorden hingestellt. Heute weiß man, daß damit der Akzent falsch gesetzt war – daß es sich vielmehr um den *Kampf der altschweizerischen Weltanschauung mit einer neu aufkommenden, aufklärerischen* gehandelt hatte. Es ging um Politik, es war der Kampf des alten Schweizergeistes gegen einen aufkommenden verwerflichen Zeitgeist, gegen einen Nonkonformismus, der das damalige Vaterland bedrohte. «Jene unselige Macht», sagte der prominente Luzerner Sonderbundesgesandte Bernhard Meyer, «welche es sich zur Aufgabe gemacht hat, den gegenwärtigen politischen Rechtszustand auf dem europäischen Kontinent zu untergraben, waltet und wühlt auch unter uns Eidgenossen.» Und Landammann Abyberg sprach an der Landsgemeinde in Rothenthurm 1847 von einem «Ungeheuer, geboren von der sogenannten Aufklärung und dem Unglauben, großgezogen von aufgepeitschten Zeitungsschreibern und Rechtsdoktoren...» Der «Waldstätter Bote» schrieb im Hinblick auf einen eidgenössischen Bundesstaat von einem «demoralisierenden eidgenössischen Kasernendienst in fremden Kantonen» als Schreckgespenst, und von einem «Bund mit 42 allgemeinen Artikeln, aus denen die Advokaten wie die Trödler leicht 4000 besondere machen» würden.

Der gebildete Basler Konservative reformierter Observanz Johann Jakob Bachofen umschrieb den damaligen alten Schweizergeist im grundsätzlichen: «Vollendete Demokratie ist der Untergang alles Guten», sagte er. «Republiken haben vor ihr am meisten zu fürchten. Ich zittere vor ihrer Ausbildung, nicht um Hab und Guts willen, sondern weil sie uns in die Barbarei zurückwirft. Die Lehre von der Volkssouveränität steht meinen tiefsten geschichtlichen und religiösen Überzeugungen entgegen. Weil ich die Freiheit liebe, hasse ich die Demokratie.»

Noch im letzten Manifest der Sonderbundskantone vor dem Krieg wird erklärt, «daß man seit Bestehen der Eidgenossenschaft die despotische Lehre nie anerkannt habe, wonach eine Minderheit souveräner Stände der Mehrheit unterworfen sei.»

Das war der «alte Schweizergeist», der sich im letzten Jahrhundert mit Zähnen und Klauen gegen den Zeitgeist verteidigte; daß er auch wesentliche positive Seiten aufwies, mag die aufgestellte Regel bestätigen. Und der Zeitgeist war zuerst auf französischen Bajonetten ins Land getragen, in Acht und Bann getan und dann im Konsens des alten Schweizergeistes mit den konservativen Fürstenhäusern Europas unter neu geltendem Recht versenkt worden, bis der Nonkonformismus des Liberalismus zur Lawine anwuchs und schließlich den Bundesstaat schuf. *Ein Werk, das wir heute um keinen Preis als das Werk eines Nonkonformismus, sondern als das weltberühmte Werk des Schweizergeistes* sehen wollen.

Es sind immer die Jungen, die treiben

Es war auch damals meist die jüngere Generation, die sich an dem neuen Gedanken – einer Vereinheitlichung des Bundes – zu erwärmen begann. Ihre zunächst unbestimmten und gefühlsmäßigen Absichten stießen aber auf den passiven Widerstand der großen Bevölkerungsmehrheit. Es ist nicht schwer, Bonmots aus jener Epoche eines kämpfenden Zeitgeists zusammenzutragen, die uns heute wieder bekannt vorkommen, denn sie sind die typische Sprache der Träger des Zeitgeists. Der Zürcher Bürgermeister Melchior Hirzel zum Beispiel hielt nicht viel vom typischen helvetischen Kompromiß, als er sagte: «Seien wir Nimmersatte, Unzufriedene, die, wenn sie Höheres, Vollkommeneres zu erstreben vermögen, mit dem Geringeren, Unvollkommenen sich nicht sättigen lassen.» Und provozierend wird in einer Zeitung den Konservativen vorgehalten, die wahre Größe der Menschen liege nicht in den verstaubten Gewölben der Geschichte, sondern in den neuen Ideen. «Wird der Mensch nicht einsehen», schreibt eine andere Zeitung, «daß die Geschichte nur ein immerwährender Kalender sein und keine einzige große Handlung aufzuweisen haben würde, wenn die Menschen, gleich dem Affengeschlechte, an blinde Nachahmung gefesselt, stets die Vorfahren zu Rate gezogen, und alle großen Männer des Altertums sich immer zuvor ängstlich nach einem Vorbilde für ihre Taten umgesehen hätten?»

Wir sind heute noch begeistert von diesem Schwung der Radikalen und der Liberalen jener Zeit, vom Zukunftsglauben eines Ochsenbein und im Aargau von der kompromißlosen Zielstrebigkeit eines Augustin Keller. Wir sind begeistert, weil diese Draufgänger mit Feuereifer zur Schaffung des Bundesstaates trieben, und wir kleben alle diese großen Nonkonformisten jener Zeit unbedenklich in das Ehrenalbum des alten Schweizergeistes ein.

Und wirklich: Wir müssen heute feststellen, daß ohne das Draufgängertum jenes Nonkonformismus vor 1848 unser Bundesstaat, auf den wir so stolz sind, nicht geschaffen worden wäre. Er wäre nicht geschaffen worden, wenn die damalige Schweiz ein Staat mit Staatsschutzgesetzen gewesen wäre, die jedes Aufmucken im Namen der Existenz des Vaterlandes verunmöglicht hätten.

Es ist gut, sich heute diese Tatsache hie und da vor Augen zu halten, zu vermerken, daß der Bundesstaat nicht aus der Konservierung des Bestehenden, sondern aus einer Überwindung und Weiterentwicklung entstand. Bonjour bestätigt es, dieser Bundesstaat sei vornehmlich das Werk der seit der Regeneration mächtig anschwellenden Bewegungspartei gewesen – ihre Führer könnten als seine Architekten gelten.

Wenn Nonkonformismus die Oberhand gewinnt

Wir haben es also bei unserer größten Schöpfung mit einem Fall zu tun, in dem virulenter Zeitgeist wirksam geworden war. Der Radikalismus hatte das, was der Konservative K. L. Haller als Satan bezeichnete, «dem es zu widerstehen gelte», vorwärtsgetrieben und ihm schließlich zum Durchbruch verholfen. Auch jener Zeitgeist war zunächst von vielgeschmähten Intellektuellen getragen worden. Bonjour sagt von ihnen: «Man wird immer wieder von Hochachtung ergriffen, wenn man ihr Streben nach den höchsten Zielen überdenkt, das an sich zum Mißerfolg verurteilt war.» Was sie vorantrugen, waren sowohl neue Ideen von der Freiheit als auch neue Ideen vom Staat. Dabei *schoß auch jener Nonkonformismus über das Ziel hinaus:* Er verteufelte das Gewesene, er heizte den Glaubenszwist auf, und er versuchte, den extremen Föderalismus mit einem extremen Zentralismus zu verdrängen. Und in der Kampfstimmung ließ er sich sogar zu schlimmsten Tätlichkeiten, zu den *Freischarenzügen,* hinreißen, neben denen der 1.-Mai-Krawall von Zürich wie eine kleine Kadettenübung erscheinen muß. Wir sind aber heute durchaus bereit, jene Freischarenzüge als die unvermeidlichen Spesen auf dem Weg zu einer großen Sache (als Gentleman-Delikt sozusagen) zu nehmen, während wir den 1.-Mai-Krawall undifferenziert als deliktische Provokation in einer degenerierten Industriegesellschaft apostrophieren. Ich glaube, daß beide Ereignisse, wie viele ähnliche andere ebenfalls, als *Zeichen schweren menschlichen Ungenügens zu verurteilen sind.* Mit Gewalt kommt man nur scheinbar weiter.

An dieser Stelle ist nun darauf hinzuweisen, daß es heute der Nonkonformist ungleich schwerer hat als damals. Wenn er Mao schreit, um zu provozieren (und wahrscheinlich etwas viel Schweizerisches meint), wenn er für Dienstverweigerung demonstriert (und vermutlich Zivildienst sagen will), dann kann er nicht wie einst die aargauischen Freischärler die Hilfsmittel in den kantonalen Arsenalen holen, sondern er muß mit dem Eingreifen der Polizei rechnen. Sein schweizerischer Bundesstaat liebt weder die Provokation noch die Unruhe oder die Veränderung, und *er schützt sich mit der ganzen Legalität seiner Gesetze.* Er achtet darauf, den Nonkonformismus im Griff zu halten. *Sie lieben überhaupt die Opposition nicht, unser Bundesstaat und seine Träger.*

Und das führt uns zum Schluß an jenen Punkt, wo nach meiner Auffassung unser offizieller Hang zum alten Schweizergeist neurotische Züge aufweist. Ich meine unsere Auffassung von der Freiheit und ihre Feindschaft gegen Opposition.

Wir wollen vor allem Ruhe haben

Nehmen wir, um verständlich zu sein, *England zum Vergleich.* Im englischen Staatsmodell ist Opposition eingebaut wie im Auto Motor und Bremse. Schon ganz kleine Veränderungen der Parteistimmenzahlen z. B. werden in jenem sensiblen System durch einen Regierungswechsel registriert, während sie bei uns praktisch überhaupt nichts bedeuten. Unser Apparat registriert selbst ein politisches Erdbeben kaum, weil er vor allem die Ruhe will. Dieser Unterschied hängt wohl mit der Verschiedenheit der *Individualbegriffe* zusammen. Engländer wie Schweizer geben zwar viel auf Tradition und Freiheit, aber sie verstehen darunter nicht dasselbe. Während die englische Freiheit schon immer eine Legierung mit viel Individualismus war, *verstand man in der Schweiz darunter vor allem die Freiheit der Kantone und Gemeinden.* Daher kümmerte sich die eine Version mehr um die *Respektierung der Individualrechte durch den Staat,* während die andere dem *Schutz der Gemeinschaft* den absoluten Vorrang gab. Die schweizerische Freiheit ist also zuerst eine solche des Staates (für sie hat man zum Beispiel mit der Wehrbereitschaft bedingungslos einzustehen) und erst hernach eine solche des Einzelnen. Aus dieser ungleichen Basis dort und hier mußten auch verschiedenartige Staatsmechanismen hervorgehen.

Der englische Mechanismus organisiert die Auseinandersetzung. Hier ist klassische Dialektik mit These und Antithese zum Spiel geworden: Die Opposition wendet sich gegen die Regierung, *im Interesse* des Staates. Im schweizerischen Apparat ist der Staat sozusagen Gemeinwerk. Er hat für jeden das eigene Unternehmen zu sein, für das er sich verantwortlich fühlt und dem er sich freiwillig unterordnet. Das ist eine Verpflichtung, die Zurückhaltung des Individuums verlangt. Die Gemeinschaft hat den Vorrang. *Das schweizerische Staatssystem strebt daher Ruhe* an – nicht Dialektik, sondern Konsens: eine staatsverpflichtete Opposition und nicht eine besonders individuumsverpflichtete. Der altschweizerische Freiheitsbegriff meint zuerst den Staat und erst dann den Einzelnen.

Die moderne Hierarchie der Werte, wie sie heute *die Menschenrechte* wenigstens theoretisch gesetzt haben, ist also nicht ganz identisch mit der *altschweizerischen*. Die untergründige Auseinandersetzung der Geister darüber, wem nun eigentlich der Vorrang der Freiheit gehöre, dem Staat oder dem Menschen, macht uns immer noch zu schaffen und belastet unser internes Verhältnis. *Die Sorge um den Staat* läßt uns aber oft zu leicht die Individualsphäre übersehen und macht uns intolerant. Wir von der älteren Generation merken das wohl kaum, aber die Jungen reagieren darauf gereizt und lassen sich deswegen auf die Straße treiben. *Wir* hören den Ruf nach Opposition, und wir antworten im Brustton der altschweizerischen Überzeugung: «Bei uns ist das Volk selbst mit seinen politischen Rechten die Opposition!»

Vielleicht müßten wir uns nach dieser Antwort, die an sich richtig ist, vor Augen halten, daß dann auch der *Spielraum dieser Opposition* besonders groß sein müßte, größer als in Staaten, wo sie im Behördensystem institutionalisiert ist.

Ich hege aber den Verdacht, daß die offiziellen Träger des alten Schweizergeistes in Wirklichkeit *gar keine Opposition wollen,* weil sie das Systembedürfnis nach Ruhe stören würde. Sie wollen keine Opposition, weder auf dem Trottoir noch im Parlament. Sie verlangen von der «Opposition Volk» Konsens, und die schiere Opposition von Parteien paralysieren sie in großen Koalitionen. Wir wollen im Grunde genommen auch keine Dialektik, und wir wollen keinen Nonkonformismus, weil er wie wir sagen dem Vaterland schade. Die Absicht ist vielleicht rührend ehrlich und das Engagement für den Staat einmalig in der Welt. Doch glaube ich, *daß wir im Stehenlassen von alten Staatsschutzvorschriften in unseren Gesetzen und im Eifer, mit dem wir sie auch im Frieden anwenden, oft zu weit gehen.* Wir müssen eifersüchtiger auf die Individualrechte achten. Wir dürfen nicht ohne weiteres bereit sein, zum Beispiel

- Flugblattverteiler zu verhaften;
- Lehrern die Lehrfreiheit zu beeinträchtigen;
- Sittenverdikte des Staats zu akzeptieren;
- selbst einfältigste Schülerzeitungen zu beschlagnahmen;
- geistiges Modellverhalten in kleinen Büchlein vorschreiben zu lassen.

Wir haben es hier bei dem in manchem so großzügige politische Rechte gewährenden Staat mit Schönheitsfehlern zu tun, mit Relikten eines alten Schweizergeistes, dem die Kommunalfreiheit wichtiger als die Individualfreiheit war. Eine historische Geisteraustreibung würde nichts schaden. Ich sehe keinen Grund, weshalb man nicht Vertrauen in unser Volk und seine Jugend haben sollte, wenn es darum geht, eine politische Haltung gelten zu lassen. Wir sollten wieder liberaler werden, und wir müssen auch wieder Opposition wollen und Bewegung im Staat. Auch wenn das die alten Geister reizen sollte. Die Seelenruhe, die keine Alternative kennt, ist gefährlich, sagte Karl Schmid.

Und was unser Vaterland betrifft: Ihm und unserer Demokratie droht – davon bin ich fest überzeugt – nicht von der Unruhe her, sondern viel eher von der bewegungslosen Ruhe her Gefahr.

(Tages-Anzeiger Zürich, 15. 5. 1971)

Bauplatz Schweiz

Wenn Ideen in den Niederungen der Praxis ihre Substanz verlieren

Das Auseinanderklaffen zwischen dem in der Bundesverfassung gezeichneten Bild von idealen Grundsätzen und der Wirklichkeit des helvetischen Politlebens hat Hans Tschäni seit jeher stark beschäftigt. Er glaubt, daß die verfassungsmäßigen Grundsätze lebbar wären, beobachtet aber in der Praxis wesentliche Umsetzungsmängel. Den Gegensatz zwischen einer idealistischen föderalistischen und der realen ökonomisch geprägten Schweiz beschrieb Hans Tschäni als «Eidgenossenschaft oder Schweiz AG» bereits 1964 und nochmals 1985.

Hans Tschäni zeigt Entgleisungen von Machtträgern und Machtstrukturen im Lande: wie die gleichen Kreise nach mehr Marktwirtschaft rufen und sich gegen Staatsinterventionismus wehren, die handkehrum mehr Staatsschutz verlangen und mit Kartellen die Marktkräfte ausschalten.

In Hans Tschänis Buch «Wer regiert die Schweiz?» waren diese Entgleisungen der Mächtigen noch als Symptome für eine unterschwellige Krise in unserem Land diagnostiziert worden. In der Zwischenzeit ist die Krise an gewissen Orten nach einigen besonders frappanten Fällen offen ausgebrochen. Die «Heirat unserer Politik mit der Wirtschaft», kann also auch Grundlage von Korruption sein und zu «Gesetzen wie im Ostblock» führen.

Eidgenossenschaft – oder Schweiz AG?

Die staatlichen Eingriffe in das Wirtschaftsgeschehen, die der Bundesrat zur Konjunkturdämpfung dekretieren muß – die Details werden am kommenden Montag veröffentlicht –, bereiten uns ein schlechtes Gewissen. Es stört uns nämlich, wenn Politiker, Verbands- und Wirtschaftsprüfer bei jeder passenden und unpassenden Gelegenheit *gegen den Staatsinterventionismus predigen* und im Handkehrum nach *Staatsschutz und Subventionen rufen.* Es stört uns auch, wenn die gleichen Prediger bei der Beratung von Steuergesetzen, der Unterstützung der Universitäten durch den Bund oder der Koordinierung der Stipendienhilfe vom Staat als einem notwendigen Übel sprechen, das man sich möglichst weit vom Leibe halten müsse, sich aber von diesem gleichen Staat das Exportrisiko decken, den Milchpreis garantieren und 774 Millionen Subventionen (1962) auszahlen lassen. Viele unter uns haben sich längst an diese Art von Vaterlandsliebe gewöhnt – sie finden, das sei eben «typisch schweizerisch» –; manchem Jungen aber erscheint sie politisch schizophren und unehrlich.

Ein Erbstück

Dieser seltsame politische Opportunismus ist für unser Verhalten wirklich typisch geworden. Es gibt etwas in uns, das den «Staat» nicht liebt, das sich überhaupt gegen alles wehrt, was von oben kommt. Professor Karl Schmid nannte es den aus der Erbmasse übernommenen Willen, der *Macht zu widerstehen.* Tatsächlich bewahrte uns dieser Wille lange Zeit das Recht, unsere Angelegenheiten im *kleinen Kreis,* in der Gemeinde und im Kanton zu verwalten. Auch hemmte er die Tendenz zum Zentralismus, der die meisten Staaten Europas erlagen. Das war gut.

Es gibt aber auch *außerhalb von uns* etwas, mit dem wir ohne Staat nicht mehr fertig werden. Mit der Zeit erwies es sich nämlich, daß viele große Aufgaben der Neuzeit vom kleinen Kreis nicht mehr gelöst werden konnten. So entstand die Spannung – man wollte den Staat nicht, mußte ihn aber doch immer wieder rufen –, die uns in den Schützengraben, in die *ständige Defensive* trieb. Der sogenannte typische Schweizer liegt ständig auf der Lauer, jederzeit bereit, gegen den Interventionismus des «Staates», heute des Kantons, morgen des Bundes, zu kämpfen. Einzig die höhere Gewalt des «Restes der Welt» kann ihn jeweils toleranter stimmen. Daher fühlten wir uns während des Krieges als wirkliche Gemeinschaft. Hier erwies sich unsere Routine im Schützengrabendenken als vorteilhaft. Inzwischen ist ein relativer Friede in die Welt eingekehrt, und damit ist uns wieder genügend Spielraum gegeben, mit der gleichen vollen Kehle «Bern» von uns zu weisen – und «Bern» zu Hilfe zu rufen.

116 Jahre Rückzugsgefechte

Während 116 Jahren, solange die neue Eidgenossenschaft besteht, führen wir Rückzugsgefechte gegenüber dem Staat. Wir wollen ihn nicht, und doch müssen wir ihn haben. Es begann schon an der Wiege, als sich Zentralisten und Föderalisten in den Haaren lagen. Die 116 Jahre müßten uns eigentlich gelehrt haben, daß es eher der Kampf der Realisten und der Utopisten war, denn die große Mehrheit unseres Volkes wünscht den Zentralismus auch heute nicht; *sie wünscht nur die Bewältigung der uns gestellten Aufgaben.*

Nicht aus Lust am Zentralisieren, sondern von der Notwendigkeit getrieben, muß man Aufgabe um Aufgabe dem Bund übertragen: Aus den Privatbahnen wurden Bundesbahnen; den privaten Altersbeihilfen wurde die AHV beigesellt; der Nationalstraßenbau, die Atomforschung, der Gewässerschutz, die Stipendien, die Landwirtschaft, ja sogar das private Exportrisiko wurden der Bundesgesetzgebung und der Bundeshilfe unterstellt. Heute stehen Nachwuchsförderung, Unterstützung der Universitäten, das Bodenproblem und, wie gesagt, die Lenkung der Konjunktur zur Diskussion. Bastion um Bastion wird widerwillig preisgegeben. Langsam zieht sich der Verteidiger auf die Insel Kultur zurück, auf welcher der Staat aber bereits Brückenköpfe errichtet hat – weil er dorthin gerufen wurde.

Ist es gut, immer nein zu denken und gleichzeitig ja sagen zu müssen? Mir scheint vielmehr, wir seien unehrlich gegenüber uns selbst, weil wir den Mut nicht besitzen, den Tatsachen in die Augen zu sehen. Weil wir in *alten Vorstellungen erstarrt* sind, die sich mit den neuen Realitäten nicht mehr vertragen, schaffen wir in der Praxis gleich zwei Staaten: den idealistischen und den realistischen.

Die idealistische Version ist unser *Vaterland*, der Bund, ist die *Eidgenossenschaft*, wie sie an der Jungbürgerfeier und am 1. August in Erscheinung tritt. Die realistische ist der «*Staat*», der Interessenverwalter, die Treuhandgesellschaft. Jenes ist platonisch, allegorisch und unangefochten; dieses ist der Gegner, dem wir Steuern bezahlen müssen, der uns die vom «Bund» garantierten Freiheiten zu rauben droht, vor dem wir uns hüten müssen.

Weil nun aber die meisten Bürger nur *eine* Jungbürgerfeier erleben und es nur *einen* 1. August im Jahre gibt, tritt die Schweiz als Vaterland viel seltener in unser Denken denn die Schweiz als Treuhandgesellschaft. Was Wunder, daß man in diesem Zwiespalt von Denken und Handeln von Nonkonformisten hört, es sei doch sinnlos, heute noch eine Fahne und eine Hymne zu haben. Eine Treuhandgesellschaft bedürfe ihrer nicht. Man würde besser tun, einen Steinmetzen an die Fassade des Bundeshauses zu schicken, damit er die lateinische Inschrift «Curia Confoederationis Helveticae» wegmeißle und sie durch das Emailschild «Zentralsitz der Schweiz AG» ersetze.

Die Konsequenzen ziehen!

Es ist leichter, diesen Ausspruch als nationale Blasphemie zu apostrophieren, als daraus die Konsequenzen zu ziehen. Schaffen wir zuerst einmal die politische Schizophrenie, an der wir mit unserer Einstellung gegenüber dem Staat kranken, aus der Welt. Fragen Sie Bundesrat Bonvin, ob *er* die Staatseinmischung zur Konjunkturdämpfung gewünscht habe. Wurde er nicht vielmehr dazu *gezwungen,* als die Aufrufe zu konjunkturgerechtem Verhalten nicht gefruchtet hatten und nachdem er offenbar von Stärkeren daran gehindert wurde, den Zentralhahn zur Regulierung des wirtschaftlichen Leitungssystems, die Aufwertung, zu drehen? Weil es sich aber zur Genüge erwiesen hat, daß weder die Zusammenarbeit der Kantone noch das Verhalten der Privaten zur Bewältigung der großen Aufgaben genügte, wurde eben der Staat herbeigerufen.

Daraus müßte man die *Konsequenzen* ziehen. Um nicht weiterhin immer tun zu müssen, was wir eigentlich nicht tun wollen, sollte man das Denken und den staatlichen Rahmen nach diesen Gegebenheiten richten. Man müßte in der Bundesverfassung fixieren, wie weit man mit dem Interventionismus gehen will. *Dazu hätte man zu stehen* und diesen *einen* Staat mit all seinen Charakterzügen als die *moderne Eidgenossenschaft* anzuerkennen. Dann hörte das ewige Sichschieben-Lassen auf, und die Schweiz würde aus der schädlichen Defensive zu offensivem, schöpferischem Denken übergehen können.   (Tages-Anzeiger Zürich, 24. 9. 1964)

Schweizer Demokratie oder eine «Schweiz AG»

Knapp ein Prozent Arbeitslose gegen 10 Prozent in der EG, bloß 3 Prozent Teuerung in einer inflationsträchtigen Zeit, üppiges Wohlergehen und Reichtum neben Hunger und Armut in vielen Ländern der Welt, Arbeitsfrieden soweit das Auge schaut angesichts von Streiks und Demonstrationen ringsum. Was wollen wir eigentlich mehr: die Schweiz ist eine Modelldemokratie. Ist da nicht jeder, der etwas auszusetzen hat, ein Nörgler? Dennoch, das Bild hat Nuancen. Der französische Schriftsteller François de la Rochefoucauld sagte einmal: «Wir müßten uns oft unserer schönsten Handlungen schämen, wenn die Welt in alle Verläufe und Beweggründe hereinsehen könnte, aus denen sie hervorgehen.» Kommen nicht auch in unserem «Musterstaat» immer wieder Dinge vor, die, bei Licht besehen, zum obigen Idealbild nicht passen? Daraus jedenfalls wäre der Schluß zu ziehen, daß Schweigen mehr schaden als nützen würde. Hinzu kommt die hierzulande vorherrschende Neigung, Praxis über- und Theorie unterzubewerten. Das, obwohl politische Zukunft ohne theoretische Sonden sich nicht erahnen läßt und der Gehalt demokratischer Grundsätze ohne sie nicht erkennbar ist. Momentanes Wohlergehen sagt also nicht alles.

Die zentrale Frage ist in jedem Fall, ob eine demokratische Staatsform zur Respektierung des Volkswillens führe. Dabei müssen wir uns immer wieder in Erinnerung rufen, daß ein demokratischer Staat umständlich und «unrentabel» funktioniert. Da hat zum Beispiel die Wirtschaft zur Führung von solchen «Großbetrieben» – bei den Multis gibt es durchaus mit dem Bund vergleichbare Dimensionen – sehr viel effizientere und kostengünstigere Organisationsformen entwickelt. Ich erinnere mich: Als in den sechziger Jahren das Gespräch über eine Totalrevision der Bundesverfassung einsetzte, lag auch der Entwurf eines angesehenen Industriekapitäns auf dem Tisch. Ihm schwebte vor, aus dem Bundesrat einen Verwaltungsrat zu machen und die Eidgenossenschaft nach privatwirtschaftlichen Erkenntnissen zu führen. Und wirklich, ein Dienstleistungs- und Treuhandbetrieb «Schweiz AG» könnte ungleich viel rentabler funktionieren als eine Eidgenossenschaft, deren Verfassung alle Schikanen der halbdirekten Demokratie vorschreibt, um den Volkswillen zur Geltung zu bringen. Eine Eidgenossenschaft mit einer Exekutive, die sich mit 246 fremde Interessen vertretenden Parlamentariern herumschlagen muß und der überdies noch ein Souverän mit Initiativen und Referenden ständig in den Arm fällt. Da darf man schon nach dem Sinn dieses kostspieligen Betriebes und danach fragen, ob der Ertrag an Demokratie, der dabei herausschaut, den Aufwand noch lohne.

Diese theoretische Frage ist in letzter Zeit besonders aktuell geworden, nachdem ganze Parlamentsmehrheiten volksfeindlich politisieren. Da ist einmal der *Referendumsbetrieb überhaupt,* der auf den Refrain abgestimmt worden ist: Wie kann man ein Gesetz über die Runden bringen, ohne das Volk befragen zu müssen. Dabei fragt man nicht nach der Volks-, sondern nach der Interessenverbände-Mehrheit. Aus solcher Einstellung fließen dann Politiken, wie wir sie soeben erlebt haben. Zum Beispiel die schroffe Ablehnung des *doppelten Ja* bei Abstimmungen über Initiativen mit Gegenvorschlag durch den Ständerat und durch 81 Nationalräte. In einer solchen Mißachtung des Volkswillens liegt meines Erachtens mehr als bloß Taktik in einem politischen Meinungsstreit, hier geht es um die Einstellung zur Demokratie. Noch schlimmer stehen die Dinge beim *Preisüberwacher,* den das Volk am 28. November 1982 unmißverständlich gefordert hat. Man bringt die Fairneß nicht auf, sich dem Volkswillen zu beugen, sondern entmachtet diesen Preisüberwacher auf dem Weg der Gesetzgebung. Obwohl das gegen den Geist der Verfassung geht, machen die Politiker nicht einmal ein Gentlemandelikt aus einem solchen Verhalten.

Das Volk steht in unserer Demokratie oft nicht mehr als Souverän über dem Staatsverfahren, sondern als *Hindernis* da, das es zu überwinden gilt. Auch die Art, wie heute das Monopolmedium Fernsehen von der Regierung (und ihren Mehrheiten) genutzt wird, deutet das an. Da kommt vor einem Abstimmungswochenende als einer der letzten der Bundespräsident in Großaufnahme auf dem Bildschirm daher und sagt seinem Volk, wie es zu stimmen habe. Vor dem Urnengang über die Vivisektionsinitiative ermöglichte eine Fünf-Sekunden-Tonpanne sogar einen zweiten Auftritt. Dadurch ergibt sich eine Einfluß-Kopflastigkeit der Behörden, wie sie nur noch die Interessengruppen, die meistens auch gleicher Meinung sind, zustande bringen. Und wenn es, wie beim Preisüberwacher, einmal trotzdem nicht klappen sollte, dann greift das Parlament mit seinen Mätzchen ein, wie Figura zeigt. Ich verstehe die welschen Konsumentinnen, wenn sie eine neue Initiative lancieren, ebenso wie *Monika Weber,* daß sie auf den Tisch des Hauses klopft und die Verfassungsgerichtsbarkeit fordert. Kann man sich angesichts von so vielen undemokratischen Verläufen in unserer Politik noch des Wohlstands freuen und guten Gewissens von Musterdemokratie reden? Müßte man sich nicht vielmehr, wie erwähnt, die Frage nach Aufwand und demokratischem Ertrag stellen? Wenn «sie dort oben» trotz der halbdirekten Demokratie «machen, was sie wollen», dann wäre all das mit einer «Schweiz AG» wirklich billiger zu haben.

(Tages-Anzeiger Zürich, 23. 12. 1985)

Sie predigen den Markt und schmieden Kartelle

Abschied von der Marktwirtschaft?

Noch immer gilt hierzulande die Marktwirtschaft als das beste System von Angebots- und Nachfrageregelung und der Wettbewerb als sicherste Gewähr für wirtschaftlich gerechte Preise. Mehr noch: Die Idee ist tief in unserem Gesellschafts- und Staatssystem verwurzelt, und Kritik nähert sich leicht dem, was hierzulande als subversiv gilt.

Es ist daher provozierend, den Titel «Abschied von der Marktwirtschaft» einfach so hinzunehmen. Preisabsprachen und vor allem Kartelle haben das System der Idee entfremdet. Marktwirtschaft, wie wir sie leben, darf sich nicht mehr frei nennen. Sie wird vielmehr durch unzählige künstliche Bindungen gelenkt. Die Feststellung ist übrigens schon fast ein Gemeinplatz geworden.

Im Nützlichkeitsdenken angerostet

Zuerst ein Vorbehalt. Die *reine* Marktwirtschaft, wie der Ausdruck vermuten läßt, hat es in der Praxis kaum je gegeben. Nachdem die «*soziale* Marktwirtschaft» in Ludwig Erhards Bundesrepublik westweit zum nachahmenswerten Beispiel geworden war, wurden Eingriffe auch theoretisch salonfähig. Dennoch blieb die Idee der weitreichenden wirtschaftlichen Freiheit das erstrebenswerte Ziel. In der Schweiz, wie angedeutet, auch ein gesellschaftspolitisches. Dennoch erging es dieser Idee wie den meisten Ideen auch in unserem Staat: sie verlor in den Niederungen der Praxis ihre Substanz. Die abgewerteten großen Ideen Demokratie, Föderalismus und Gewaltentrennung mögen als Vergleich dienen. Wir stellen sie aus wie Firmenschilder, während ihr wirklicher Gehalt im Alltag fermentiert und kaum mehr beachtet wird. Nur ist ein solch scheinheiliger Umgang mit Ideen auf die Dauer nicht zuträglich. In unserem Fall schadet er der Glaubwürdigkeit der Wirtschaft ebenso wie dem Lauf der Dinge im Staat, denn Ideen haben ja immer auch einen praktischen Sinn. Ohne Nachteile kann man ihnen nicht chronisch zuwiderhandeln und sie zugleich verbal als Markenzeichen plakatieren.

Die Kraft der Sachzwänge

Das wirtschaftliche Handeln richtet sich nach Marktkräften und Trends. Darin liegt der Kern der Idee der Marktwirtschaft, darin liegen aber offensichtlich auch ihre Grenzen. Es wäre ungerecht, die Schuld für die heutige Denaturierung der liberalen Marktwirtschaft allein einer mutwilligen Untreue der Akteure gegenüber dem System zuzuschieben. *Triftige marktwirtschaftliche Beweggründe* haben den Staat zur Errichtung von Monopolen und die Privatwirtschaft zur Preisregulierung durch Kartelle gedrängt. Sogar die «Todsünden», die der Staat mit der Landwirtschaft und dem Milchmarkt beging und begeht, lassen sich zum Teil mit der Unfähigkeit der freien Marktwirtschaft erklären, die Probleme zu lösen. Im Blick auf Eingriffe der Sozialpolitik ist ähnliches zu sagen, und auch den Anliegen des Umweltschutzes vermag der freie Markt heute nicht ungelenkt gerecht zu werden. Das liegt aber nicht am System, sondern an seinem Mißbrauch. Daher, und das ist entscheidend, behalten die Vorzüge der Marktwirtschaft ihren vollen Wert. Und deshalb sind sie auch zur Geltung zu bringen.

Schizophrenie im Biotop

Bei diesem unbewältigten Problem – eine Idee wird mißachtet und gleichzeitig als Leitstern behalten – beginnen die Vorwürfe. Wenn in der Versicherungswirtschaft behauptet wird, freie Wirtschaft sei zwar gut, staatliche Kontrolle aber besser, dann ist das sozusagen eine «Abschiedstitulatur» für das System. Sie entspringt der erwähnten wirtschaftsideologischen Gespaltenheit, die vor allem im Bereich der über 100 Kartelle grassiert. Gerade die Kartelle sind aber aus Mängeln der Marktwirtschaft *und* insbesondere aus ungebändigtem Macht- und Gewinnstreben entstanden. Und die Macht, die sie nicht bloß im Wirtschaftsgeschehen, sondern ebensosehr in der Politik ausüben, zeigt sich am Beispiel des Kartellgesetzes, dem mildesten in Europa. Es sind nun 14 Jahre her, daß der damalige Kartellkommissionspräsident *Leo Schürmann,* der spätere Preisüberwacher, in einer Motion seine Revision verlangte. Aus praktischer Erfahrung forderte er ein Kartellgesetz «mit Zähnen». Seither wird in der Kartellkommission wie in Expertenkommissionen, alle mit Interessenvertretern und Interessenbelasteten bestens dotiert und im politischen Filz verankert, ein anschauliches Beispiel dafür gegeben, wie man hierzulande mit dem Schutz der freien Marktwirtschaft umgeht. Aber auch die noch immer andauernden parlamentarischen Beratungen bieten ein gleiches Bild der wirtschaftspoliti-

schen Verfilzung. Sogar in der gutbürgerlichen Presse ist protestierend von
«Zurückbuchstabieren des Bundesrates» unter dem Eindruck eines «massiven Sperrfeuers der Wirtschaftslobby», und von «beschämendem Sperrfeuer gegen ein griffiges Kartellgesetz» die Rede. Die präziseste Kritik
stammt von Nationalrat *Alfred Neukomm,* der von der «Zerstörung der
Marktwirtschaft durch ihre Anhänger» sprach. Ein helvetisches Phänomen.

Leitplanken für die Freiheit

Monopolen wie Kartellen müssen marktwirtschaftliche Grenzen gesetzt
werden. Wettbewerbsbehinderungen sind grundsätzlich nur zulässig, wenn
sie mit den Allgemeininteressen übereinstimmen. Tauglich zur Korrektur
des schizophrenen Treibens ist, nach dem Versagen der Wirtschaftspolitik,
offensichtlich nur noch der Staat. Nicht jener Staat freilich, der Monopole
schützt und betreibt, sondern der andere Staat, der zum Schutz der freien
Marktwirtschaft nach einem wettbewerbspolitischen Programm Leitplanken baut. Das Gesetz über den unlauteren Wettbewerb gehört dazu. Es
steht in Revision. Dazu gehört auch das vom Volk erzwungene Preisüberwachungsgesetz und sein Preisüberwacher, wo zurzeit die Lobbygeister der
Wirtschaft drängeln. Zu einem eigentlichen Testfall entwickelt sich aber die
Revision des Kartellgesetzes. Die Bremsklötze der Marktwirtschaft wehren sich mit Händen und Füßen. Hier wird sich erweisen, was unsere Idee
der freien Marktwirtschaft noch wert ist.

(Tages-Anzeiger Zürich, 22. 3. 1985)

Zuviel Staat – wer hat zu klagen?

Die Staatseingriffe in den privaten und wirtschaftlichen Alltag werden vielen zunehmend lästig. Vermutlich nicht allen, aber vielen. Das Jammern hat sich zur Wehklage mit dem Refrain «Mehr Freiheit – weniger Staat» gesteigert. Und wirklich sind die Zahlen beeindruckend. Die rote Bücherreihe der Bundesgesetzessammlung etwa wird gegenwärtig um den 35. Band erweitert. Nicht weniger als 3382 Gesetze allein des Bundes reglementieren heute unser Leben. Im Wirtschaftsteil des TA war zum Beispiel kürzlich von der Sorge der Organisatoren der Luzerner Landwirtschafts- und Gewerbeausstellung zu lesen, die bis zur Eröffnung ihrer Schau nicht weniger als 29 Bewilligungen einholen mußten. Wer mit einem Architekten ins Gespräch kommt oder ein Haus baut, der erhält einen Begriff vom zeit- und nervenraubenden bürokratischen Hürdenlauf, der mit den Behörden zu bewältigen ist. Als normal kann man das tatsächlich nicht mehr bezeichnen. Geht also der Staat zu weit?

Zunächst ist zu beachten, daß sich solch negative Beurteilung aus persönlicher praktischer Betroffenheit ergibt. Indessen scheint mir diese Sicht etwas zu einfach zu sein. Eine faire Bewertung dieses Problems kommt nicht ohne theoretische Überlegungen aus. Vor allem das Stichwort «Freiheit» ist zu hinterfragen. Besonders in diesem Bereich fühlt man sich vom überhandnehmenden Staat bedroht.

Eine Vorfrage: Fordern wir heute, wo wir vom Staat so umfassende Mithilfe in allen Belangen verlangen, vielleicht nicht zu viel Freiheit? Stellen wir uns bei solcher Sachlage nicht eine Freiheit vor, die es gar nicht geben kann? Und noch etwas: Hängen wir nicht einem Freiheitsverständnis nach, das sich nur eingeschränkt fühlt, wenn der Staat im Wege steht? Wenn er uns Superindividualisten daran hindert, gerade alles zu tun und zu lassen, was uns paßt? Da müssen wir uns vorweg bewußt sein, daß eine solche Weltanschauung heute bloß noch in der Wüste Gobi taugt; sicher nicht mehr in der übervölkerten Schweiz. Jedermann hegt den Wunsch, sein eigener Herr und Meister zu sein. Das ist sozusagen ein Urgefühl. Diese Unabhängigkeitswünsche werden jedoch auch heute nicht nur vom Staat eingegrenzt. Im Gegenteil sorgt gerade er dafür, daß nicht bloß wenigen Handlungsfreiheit bleibt.

In der Dosierung dieses Maßes werden nun freilich Qualität und Maß einer Demokratie sichtbar. Im Spielraum zum Beispiel, den der Staat den Fähigkeiten und Neigungen der Menschen läßt. Auch darin, ob er von diesem Spielraum nicht nur wenige profitieren läßt. Genau hier liegt die Problematik der heutigen Forderung nach weniger Staat.

Nach welchem Maßstab ist eine solch subtile Staatstätigkeit zu werten? Die Behauptung jedenfalls, jedes neue Gesetz sei auch ein neuer Verstoß gegen die Freiheit überhaupt, ist einseitig. Gesetze sollten ja grundsätzlich nur dafür sorgen, daß die natürlichen Regeln und Einschränkungen des freien Handelns und des menschlichen Anstandes nicht allzu rücksichtslos übertreten werden, damit auch andern noch Spielraum bleibt. Eingriffe des Staates sind also unumgänglich, und die Zahl dieser Eingriffe wird letztlich vom Maß der Bedrohung der «natürlichen Regeln» bestimmt.

Das Problem liegt meines Erachtens heute vor allem darin, daß der Staat zu viele Gesetze fabriziert, die nur einzelne Gruppen beschützen. Denken wir an das Bodenrecht oder an Eigentums- und Steuergesetze, die oft nur die Vorteile und die Herrschaftsordnungen von Gesellschaftsschichten im Auge haben. Zu oft sind zu viele Gesetze von Gruppeninteressen bestimmt.

Die wichtigen Fragen lauten daher: Wem nützen die (zu) vielen Gesetze? Vermehren sie die natürliche allgemeine Freiheit aller oder nur die übergreifende weniger? Hier, und nicht in der Zahl der Gesetze liegt das Problem. Die Gesetzesinflation ist zu beklagen, weil sie auf Gruppenschutz hinausläuft und sich nicht auf den Schutz der natürlichen Freiheit der Bürgerschaft, auf den Nutzen der Allgemeinheit beschränkt. Und was die Gesetzesflut betrifft: Weil hierzulande zu viele ihren Freiheitsspielraum privat und im Staat mißbrauchen, über die Gesetze (der andern Gruppen) jammern, statt durch eigenes Sozialverhalten Gesetzen vorzubeugen, gibt es zu viele Staatseingriffe. Wenn diese Reizwirkung schwindet, wird auch die Gesetzesfabrikation zurückgehen. Vor allem jene, die ständig jammern, haben es in der Hand.

(Tages-Anzeiger Zürich, 15. 5. 1986)

Korruption ist wie der Halleysche Komet:

ein Begriff mit einem harten (strafrechtlichen) Kern und einer (tolerierten) Wirkungsaura mit einem langen Schweif

Die Abneigung, von Korruption zu sprechen, ist in unserer mehrschichtigen Gesellschaft auffallend. Das landläufige Denken überläßt allzu menschliche Unebenheiten in der politischen Landschaft, wie sie Korruptionsfälle darstellen, gern den staatlichen Überwachungsautomatismen, das heißt der Gewaltentrennung, der Verwaltungskontrolle oder dem Strafrecht. Was nicht sein darf, das gibt es nur als jene Ausnahme, die die Regel des sauberen Staates bestätigt. Der Erwartungsdruck dieser Tugendhaftigkeit hat zur Folge, daß an Korruption kaum gedacht wird. Man spricht von Gentlemandelikten im Diminutiv, von *Spanienreisli* zum Beispiel oder von *Vetterliwirtschaft,* und die Kontrollorgane pflegen nachsichtig zu sein. Korruption ist auch nicht leicht zu umschreiben und im allgemeinen Verständnis etwas, das nicht mit Disziplinarrügen abgetan werden kann. Unter Korruption verstehen wir etwas Kriminelles, und weil es das in unserer Politik kaum gibt, brauchen wir das Wort auch nicht.

Ist diese Gedankenabfolge richtig? Oder handelt es sich dabei nicht eher um eine Vorstellungswillkür? Ist Korruption nicht vielmehr wie der Halleysche Komet: ein Begriff mit einem harten (strafrechtlichen) Kern und einer (tolerierten) Wirkungsaura mit einem langen Schweif?

Korruption ist als Begriff so alt wie die Menschheit, das Wort hingegen wird erst seit dem 17. Jahrhundert, vorwiegend für Bestechlichkeit, Sittenzerfall und insbesondere für Degeneration der Beamtenschaft im Staat, verwendet. Über den kriminellen Tatbestand des Bestechens hinaus zielt das Wort also auch auf den ethischen Teil des Vergehens und auf die verderblichen Folgen. Das «Schweizer Lexikon» von 1945 etwa stellt Korruption vorwiegend in Beziehung mit dem Staat und bezeichnet sie als Folge eines politischen Zerfalls, bei dem die staatstragende Schicht kriminelle Handlungen im Interesse der persönlichen Bereicherung begehe. Solche verderbliche Haltung in der Leitung des Staates wirke «auch auf die mittleren und unteren Schichten der Gesellschaft demoralisierend».

Schon diese wenigen Hinweise machen die *Aura* des Begriffs Korruption sichtbar und machen deutlich, daß auch ethische Werte der Moral und der Politik im Spiele sind. Diese doppelte Sicht des Korruptionsbegriffs ist wichtig: Wenn wir Korruption nur am Strafgesetzbuch (StGB) messen, das Bestechung (Artikel 288 und 315), Amtsmißbrauch (Art. 312) und die Annahme von Geschenken (Art. 316) unter Strafe stellt, dann reduziert sich unser Moralverständnis auf das StGB. Der kriminelle Maßstab genügt indessen meines Erachtens nicht, um den Korruptionsbegriff zu verstehen.

Um Ordnung in unsere Sicht zu bringen: Der Begriff läßt sich, grob gesehen, in privatwirtschaftliche und öffentlich-rechtliche Korruption dividieren. Ein Unternehmen handelt auf dem Markt korrupt, wenn es bei der Kundenwerbung mit Bestechung arbeitet. Neben solcher klarer Definition sind in der Wirtschaft mit ihrem blühenden Trinkgeld- und Geschenkwesen sowie der großen Dunkelziffer – nach der Schätzung wird von sechzig Wirtschaftstätern nur einer erwischt – weitere Korruptionsformen zu vermuten. Doch beschränke ich mich auf den öffentlich-staatlichen Teil des Begriffs. Dabei ist nicht bloß auf den Gesetzesvollzug zu achten, korruptes und korruptionsähnliches Handeln wird auch in der Gesetzesherstellung – die Stichworte heißen Lobby und Filz – sichtbar. Akteure sind hier einzelne wie auch Gruppen. Mit dieser Typisierung legen wir den Begriff Korruption freilich nicht mehr landesüblich aus, sondern stehen bereits in der eingangs umschriebenen Aura. Der Basler Philosoph Hans Saner nennt als Modellfall die Beamtenbestechung und spricht von einer heimlichen Gesetzesverletzung zur gegenseitigen privaten Bevorteilung zulasten der Allgemeinheit. Staatsdiener trieben Mißbrauch mit der ihnen anvertrauten Macht zugunsten einzelner, während der Staat die Gleichbehandlung aller Bürger zum Ziele habe. Korruption im engeren wie im weiteren Sinne unterhöhle immer die bürgerliche und gesellschaftliche Ordnung, wobei Saner insbesondere den «weiteren Sinn», die Aura, im Auge hat.

Hier ist zu bedenken, daß der Kampf gegen Korruption auch im Staat außerordentlich schwierig ist. Im freiheitlichen Staat muß sogar ein gewisses Maß an korruptionsähnlichen Tatbeständen toleriert werden, denn völlig verhindern kann sie – wenigstens theoretisch – nur der totale Staat. Demokratie ist daher nie antiseptisch. Daß Infizierung durch Korruption ihr Schicksal ist, hat einst sogar einer der ersten amerikanischen Präsidenten gesagt: Demokratien zersetzten sich und zehrten sich selber auf. Es habe noch keine Demokratie gegeben, die nicht Selbstmord begangen habe. Die Korruption des Staates geht mit der seiner Bürgerschaft Hand in Hand. Begünstigt wird sie durch unbewältigten gesellschaftlichen Wandel und durch Defekte der Moral. Das heißt durch Dominanz des individuell- und gruppenprivaten Interesses über das öffentliche, durch die Verletzung jenes Gemeininteresses, das im genossenschaftlich-politischen Kleinstaat Schweiz von überragender Bedeutung ist. Paul Noacks Formulierung ist für uns treffend: «Verbindung von persönlicher Loyalität und staatlicher Integrität ist für die Überlebensfähigkeit eines Systems unentbehrlich.»

Wie nehmen sich die innenpolitischen Vorfälle der letzten Zeit vor dem hier skizzierten Korruptionsbild aus? Und vor allem: Wie vermag unser um der Effizienz willen deformiertes Staatssystem der Konsenspolitik zu bestehen?

Es braucht immer zwei

Die Einstimmung auf die in den letzten drei Jahren bekanntgewordenen korruptionsverdächtigen Fälle geschah im Wallis, wo der kantonale Baudirektor Franz Steiner in den «Savro-Skandal» verwickelt war. Doch blieb unerforschlich, ob er Betrug, Urkundenfälschung und passive Bestechung unter Beteiligung von Beamten nicht bemerkt oder geduldet hatte. Im Tessin war hernach Sanitäts- und Fürsorgedirektor Benito Bernasconi im Zusammenhang mit der «Spendenaffäre Losinger» moralisch angeschlagen worden, und in Genf und Graubünden gerieten Regierungsräte wegen Grundstückhandels und der «Lex Furgler» in Mißkredit. Im aktuellen Gespräch steht ein «Fall Obwalden», in dem es um «gravierende Fehler bei Steuerveranlagungen», aber auch um «Erwirkung von Steuervorteilen» und der «Mitwirkung von Hinterziehungen» geht, wobei sich Regierungsräte zu verantworten haben. Die Steuerabkommenspraxis mit Ausländern scheint auch im Lande des Niklaus von Flüe zu blühen. Doch ist es sehr schwer, Magistraten korrupter Handlungen zu überführen. Für den erfüllten Tatbestand der Korruption braucht es zwei Täter; der eine korrumpiert, der andere wird korrumpiert; besonders der zweite ist jeweils nicht leicht zu finden. Bei Magistraten begnügen sich die Gerichte nicht mit Indizien. Es gibt Hemmungen im demokratischen Selbstreinigungsmechanismus: Da lob' ich mir Leute mit Zivilcourage wie Rudolf Hafner, Paolo Bernasconi und auch Bundesrat Stich, die dafür sorgen, daß unser System gegen Korruption hie und da wirksam ist. Die eigentlichen Startschüsse zur Korruptionsdiskussion in der Schweiz fielen aber in Solothurn. In diesem Kanton kann die Justiz die Regierung – gewaltenteilungsgerecht – strafverfolgend überwachen, ohne daß sie den Kantonsrat um Erlaubnis bitten muß. Das führte im Mai 1983 dazu, daß der Untersuchungsrichter gegen die von einer einwöchigen Spanienreise zurückkehrende Regierung ein Ermittlungsverfahren wegen Verletzung des Artikels 316 des Strafgesetzbuches (StGB) eröffnete. Der Artikel hat folgenden Wortlaut:

Miglieder einer Behörde, Beamte, zur Ausübung des Richteramtes berufene Personen, Schiedsrichter, amtlich bestellte Sachverständige, Übersetzer

139

oder Dolmetscher, die für eine künftige, nicht pflichtwidrige Amtshandlung
ein Geschenk oder einen andern ihnen nicht gebührenden Vorteil fordern,
annehmen oder sich versprechen lassen, werden mit Gefängnis bis zu sechs
Monaten oder mit Buße bestraft.

Die Regierung gab sich erstaunt: Die Reise habe im Rahmen der normalen Kontaktpflege mit solothurnischen Unternehmen gestanden. Und der Direktionspräsident der Aare-Tessin AG für Elektrizität, Ernst Trümpy, sekundierte, solche Reisen seien üblich. Das fand auch der Kantonsrat, der vor allem den Staatsanwalt rügte. Das Richteramt Solothurn-Lebern schloß sich dieser Meinung an und sprach die Regierung vom Vorwurf der Annahme von Geschenken frei. Auf dem Persilschein ist der Ausspruch von Verteidiger Affolter bemerkenswert: Remedur gegen den übertriebenen Magistratentourismus könne nicht vom Strafrichter geschaffen werden, sie müsse von der Politik ausgehen.

Meines Erachtens gehört das «Spanienreisli» in die Nähe von Halleys Kern.

Parallel zu dieser Affäre geriet die Solothurner Regierung im Zusammenhang mit einem Fall von ungetreuer Amtsführung des Rektors der Höheren Wirtschafts- und Verwaltungsschule Olten nochmals vor den Kadi. Nach dem Rücktritt des Rektors hatte sie in eigener Machtvollkommenheit auf eine Strafverfolgung verzichtet, was ihr eine Klage wegen fortgesetzter Begünstigung eintrug.

Diesmal sprach der gleiche Richter die Regierung schuldig und verurteilte vier der fünf Regierungsräte zu einer saftigen Buße. (Dieser Gerichtspräsident ist vom Volk gewählt.) Wiederum reagierten die Politiker empört: Die Justiz habe sich nicht in die Politik einzumischen. Das angerufene Obergericht, es wird vom Kantonsrat gewählt, hatte ein Einsehen. Es bestätigte zwar das Urteil – fortgesetzte Begünstigung, begangen durch Verweigerung der Aktenherausgabe und Nichtbewilligen von Zeugenaussagen –, billigte jedoch der Regierung «Rechtsirrtum» zu und sah von einer Bestrafung ab. Staatsanwalt und Regierung zogen hernach das Urteil an das Bundesgericht weiter. Dieses wies Ende April 1986 beide Beschwerden ab und bestätigte das Urteil des Obergerichts. «Rechtsirrtum» wog also auch für das oberste Gericht schwerer als «Gewaltentrennung».

Eine hübsche Illustration für Halleys Aura ist Solothurns dritter Fall. Um die Jahreswende erschien in der «Solothurner Zeitung» eine Neujahrsglosse von Max Frenkel, dem Leiter der Stiftung für eidgenössische Zusammenarbeit, in der der Satz zu lesen stand: «Einigen Amtsschreibereien wünsche ich die Einsicht (und den zuschauenden Behörden die Aufsicht), daß die Entgegennahme von Hunderternoten und anderen kleinen Aufmerksamkeiten für die Znünikasse ein Straftatbestand ist und ganze Generationen von Rechtspraktikanten korrumpiert.» Schon Mitte Januar berichtete der zuständige Regierungsrat Alfred Rötheli in der Fragestunde des Kantonsrates, tatsächlich hätten kantonale Amtsstellen, insbesondere Amtsschreibereien, Trinkgelder bis zu 500 Franken, vornehmlich von Banken, entgegengenommen. Das schiene ganz nach dem Motto des Solothurner Liedes gelaufen zu sein: *«S isch immer eso gsi.»* Doch handle es sich da um eine disziplinarische Angelegenheit, für die die Regierung als Aufsichtsbehörde zuständig sei. Er habe nun dieses Trinkgeldwesen abgestellt.

Filz ist zäh

Soll ich hier den «Fall Bern» noch detailliert aufrollen? Bloß dies als Gedächtnisstütze: Im vergangenen Spätsommer mußte sich zur Überraschung der ganzen Schweiz die sozusagen mit einem Gütezeichen versehene Berner Kantonsregierung schwerwiegende Verletzungen von Amtspflichten usw. vorwerfen lassen. Eine Untersuchungskommission des Großen Rates hatte Beanstandungen des ehemaligen Finanzrevisors Rudolf Hafner – gesetzeswidrige Finanzierung von Abstimmungskampagnen im Jura und im Laufental, Überschreitung von Finanzkompetenzen usw. – bestätigen müssen. Auch hier schaltete sich die Politik beschwichtigend ein, verhinderte weitere Untersuchungen und lehnte ein Disziplinarverfahren ab. Dazu ein entwaffnender Schluß von Regierungspräsident Werner Martignoni: eine langfristige Praxis habe sich als unrichtig erwiesen.

Im «Fall Bern» darf man meines Erachtens den Tatbestand der Korruption, Beziehungsdelikte zwischen Regierung und Beamtenschaft, zumindest vermuten. Aber auch Korruption durch Freundschaft, das heißt hier: durch gegenseitige Begünstigung von Rollenträgern der Politik, ist erkennbar.

Die noch schwebende «Affäre Nobel–Fischer–PTT» ist dafür eine Illustration, gleichgültig wie sie schließlich enden wird. In anonymen Bulletins einer «Aktion saubere PTT» war PTT-Generaldirektor Guido Nobel zuerst Amtspflichtsverletzung und später auch Verletzung des Postgeheimnisses vorgeworfen worden. (Nobel hatte an seinem Geburtstagsfest den Gästen Markengeschenke aus PTT-Beständen gemacht.) Guido Nobel reichte Strafklage gegen den Chef der PTT-Automobilabteilung Albert Fischer ein, der die Verantwortung für die Bulletins übernommen und den die Generaldirektion darauf fristlos entlassen hatte. Nun klagte auch Fischer und warf Nobel vor, er habe die Postscheckkonti eines Initiativkomitees überwachen lassen. Jetzt ist in dieser Sache eine Strafuntersuchung der Berner Justizbehörden im Gang. Erwähnenswert ist, daß die Finanzdelegation der eidgenössischen Räte Nobel einen schriftlichen Verweis erteilt hat. Schon jetzt läßt sich auf zwei Dinge hinweisen: Die Aufsichtsorgane der PTT und Nobels Kollegen in der Generaldirektion haben erstens aus dem Fall Nobel mittlerweile einseitig einen Fall Fischer gemacht, und die Fakten rund um Nobels Geburtstagsfest, an dem sich auch Bundesräte mit Briefmarken beschenken ließen, deuteten zweitens auf eine recht saloppe Vermischung von öffentlichen mit privaten Interessen hin.

Die moralische Verderbnis

Wahrscheinlich wäre es ungerecht, den hier zitierten oder angetippten Politikern deliktische Gesinnung zu unterstellen. Es handelt sich vielmehr um grundsätzliche Probleme, die indessen auf Zerfallserscheinungen in unserer politischen Kultur hinweisen. Das führt uns zurück zum Definitionsversuch am Anfang dieses Artikels.

Der Begriff Korruption ist nicht ohne Einschluß der Moral zu verstehen. Im Verlauf der Jahrhunderte sind in dieser Beziehung Fortschritte gemacht worden. In England zum Beispiel wird zurückschauend behauptet, das Blutvergießen in Machtkämpfen im Staat sei mit dem Zeitalter der Vernunft durch ein System von Bestechung und Korruption ersetzt worden. Inzwischen wurde aber auch diese Formel der Machtausübung wenigstens theoretisch untragbar. Die Stichworte Demokratie sowie Staat als Gemeinschaft stehen als neue Ziele im Raum und als deren Konsequenz Loyalität. Loyalität in Verbindung mit staatlicher Integrität als Überlebenschance für die individuellen Spielraum garantierende Demokratie. Aus dieser Sicht ist auch Korruption in den Randformen ein Delikt gegenüber dem öffentlichen Interesse. Sie geschieht immer, um Privaten oder privaten Gruppen Vorteile vor der Öffentlichkeit zu verschaffen. Viele Beispiele ließen sich zum Beweis erbringen, daß in unserer innenpolitischen Praxis die Loyalität der Politiker nicht der Allgemeinheit, sondern ihren Gruppen und Verbänden gilt. Schon Rousseau hat indessen in seinem «Contrat social» dazu geschrieben: «Das Empfinden, zu einem Ganzen zu gehören, verengt sich auf das Gefühl der Zugehörigkeit zu einem Teil davon. Die Fähigkeit, der Gemeinschaft selbstlos zu dienen, geht dabei verloren.»

An diesem Punkt begegnen wir der typischen schweizerischen Form der Politkorruption, wie wir sie von unseren Beispielen her kennen: der

Korruptionserleichterung als Folge der opportunistischen Auslegung des Systems und der Erwartungskorruption, die aus den «Freundlichkeiten mit Hintergedanken» erwächst. Man begegnet sich, ex officio, in der Männergesellschaft, im Militärdienst, als engagierter Wirtschafts- oder Bankvertreter, als Politiker oder Beamter, immer wieder. Man erweist sich hierzulande Gefälligkeiten und Aufmerksamkeiten (zwanzig hohe Bundesbeamte waren am Kongreß des Schweizerischen Gewerbeverbandes anwesend), man schanzt sich Privilegien zu, der Nepotismus blüht. Schließlich lädt man zu «Studienreisen» ein oder verteilt sogar Trinkgelder – und erwartet dann im Konsensbetrieb unserer Politik kleine (oder größere) Freundlichkeiten.

Nun wird dieser fröhliche Männerbetrieb des Systems plötzlich gezwungen, auch die Gesetze des früheren Sauberkeitsverständnisses der Demokratie zu beachten, zur Kenntnis zu nehmen, daß das StGB schon seit 1937 die Annahme von Geschenken im Staat verbietet und unser Konsensbetrieb sich in der Aura der Korruption bewegt. Wenn die Öffentlichkeit sich dereinst dieser Tatsache gewahr werden sollte, dann zeichnen sich die Umrisse einer Änderung wohl ab. Vorher kaum.

Das Tauschgeschäft zwischen privaten und staatlichen Machtträgern – die Grundlage der Korruption – ist aber hierzulande vor allem im Gesetzgebungsbetrieb gang und gäbe. Im vorparlamentarischen Verfahren zum Beispiel, wo der Staat mit der Wirtschaft enorm stark verflochten und die *Korruption der Experten* vom Staat sogar organisiert ist. Korruption? Es fällt auf, wie oft das StGB (Art. 288, 307 und 315 zum Beispiel) Experten und Sachverständige des Staates wie Beamte gewichtet. In diesem vorparlamentarischen Expertenbetrieb wird der Erwartungseffekt des Gebens und Nehmens von Staat und Verbänden wirksam, und Lobby gerät in die Aura der Korruption. Es ist die faktische Deformation der Verfassung in der Praxis, die uns das beschert; die Spielregeln sind bei uns verbogen worden. Der Einfluß von starken wirtschaftlichen Kräften verpflichtet den Staat zu sehr. Der Konsensbetrieb verwischt bei Politikern wie bei der Bevölkerung das Sensorium für das Unrichtige, das der Demokratie nicht Zuträgliche. Steuerabkommen, sozusagen Modellfälle der Korruption, sind selbstverständlich geworden (siehe Obwalden), und der Ständerat stempelt Steuerhinterziehung offiziell zum Gentlemandelikt (siehe Frühjahrssession). Trinkgeldannahme, Vernachlässigung der Verwaltungskontrolle, Absprachen bei der Gesetzgebung und vor allem auch die Schleifung der Gewaltentrennung passen ins Bild. Es kam nicht von ungefähr, daß Montesquieu einst das Prinzip der Gewaltentrennung nach dem Erlebnis der Korruption in England niederschrieb.

Wenn sich im politischen System korrupte Deformationen festgesetzt haben, dann wird die Normentreue zum ethischen Problem. Das deutet auch Max Frenkel an, wenn er schreibt («NZZ», 6. 8. 1983), in der Politik dürfe nicht all das «richtig» sein, was nicht verboten sei. Eine peinlich korrekte Haltung im Umgang mit Gefälligkeiten sei daher ein Gebot der politischen Ethik. Oder ist unsere öffentliche Moral bereits dem verhängnisvollen Wandel gefolgt, welchen die Politik im Bestreben vollzogen hat, den Staat effizienter zu machen? Es wäre eine schwerwiegende Fehlentwicklung. Eine korruptionsverdächtige Praxis in unserem System ist ein zu hoher Preis. Ich halte es da mit Hans Saner: «Der rechtliche Kampf gegen personale Korruption muß auch ein politischer Kampf gegen korrupte Strukturen und ein geistiger Kampf gegen korrupte Werte sein und damit ein Kampf für jenen Staat, in dem die Korruption keine wie auch immer geartete Legitimation findet.»

(Tages-Anzeiger-Magazin, 17. 5. 1986)

Benützte Literatur
Paul Noack, Korruption – die andere Seite der Macht, Kindler, München. Hans Saner, Formen der Korruption – ein phänomenologischer Zugang, «Widerspruch», Beiträge zur sozialistischen Politik Nr. 10/1985.

Ein Gesetz wie im Ostblock

Artikel 273 StGB

Anfang November war bekanntgeworden, der Europäische Gerichtshof in Luxemburg habe die EG-Kommission wegen Verletzung ihrer Geheimhaltungspflicht zur Zahlung von Schadenersatz an *Stanley Adams,* den ehemaligen Manager des Basler Chemiemultis *Hoffmann-La Roche,* verurteilt. Diese Meldung und die Lektüre der Darstellung des Falles Adams in deutscher Fassung («Hoffmann-La Roche gegen Adams», von Stanley Adams. Unionsverlag Zürich) rufen mir ein Ereignis in Erinnerung, auf das zurückzukommen die Mühe lohnt.

Hier knapp der Sachverhalt: Adams hatte Anfang 1973 als Roche-Manager in Basel der EG-Verwaltung in Brüssel vertrauliche Dokumente und Informationen über wettbewerbsbeschränkende Praktiken des Basler Multis auf dem Vitaminmarkt der EG zukommen lassen. Roche wurde in der Folge vom Europäischen Gerichtshof aufgrund von Artikel 86 des EWG-Vertrages wegen Wettbewerbsbeschränkung verurteilt. Für Adams selbst sollte der Fall schwerwiegende Folgen haben, weil die Brüsseler Verwaltung seinen Namen als Informant preisgegeben hatte.

Am Silvester 1974 wurde Adams, nun nicht mehr bei Roche tätig und in Italien wohnhaft, bei einer Einreise in die Schweiz im Tessin verhaftet und in Basel eingekerkert. Unter dem Schock nahm sich seine 31 Jahre alte Frau das Leben, und die drei kleinen Kinder blieben der Wohltätigkeit der Bekannten überlassen. Anderthalb Jahre später verurteilte das Basler Strafgericht Adams zu 12 Monaten Gefängnis bedingt und zu 5 Jahren Landesverweisung. Die Kaution von 25 000 Franken, die zur Freilassung hinterlegt worden waren, verfiel. Adams strebte seither von England aus auf allen möglichen Rechtswegen seine Rehabilitierung an. Nun ist ihm also ein Teilerfolg gelungen. Diese zwölf Jahre lange Geschichte ist für uns ebenso interessant wie lehrreich. Ich möchte drei Punkte herausgreifen.

1. Die menschliche Haltung Adams' ist uns fremd. Der aus Malta stammende englische Manager war, wie er selber schreibt, bei Roche ebenso hoch geschätzt wie bezahlt. Dennoch meldete er die wettbewerbsbeschränkenden Praktiken seines Arbeitgebers der Aufsichtsbehörde des strengen

145

EG-Kartellrechts. Er meldete sie, obwohl solche Praktiken in der Schweiz bei ihrem provokant milden Kartellgesetz als regulär gelten können.

Adams nennt in seinen Aufzeichnungen ethische Gründe: «Als z. B. Nachrichten über eine Grippeepidemie in Indien eingingen erhöhten wir nicht etwa den Ausstoß an Vitamin C oder reduzierten den Preis. Nein, wir hielten die Belieferung des Marktes in engen Grenzen und erhöhten üblicherweise den Preis.» Weiter schreibt Adams: «Ich war nicht im Schweizer System erzogen worden, im Glauben, daß die Treue zur Firma auf alle Zeiten unverbrüchlich ist und daß die Firma immer recht hat, weil das eigene Wohl vom Wohl der Firma abhängt und das Wohl der Firma vom Wohl des Staates und das Wohl des Staates vom Wohl aller Firmen insgesamt. (...) Ich bin dazu erzogen worden, den Status quo nicht hinzunehmen.»

Warum dann aber, bei soviel deklarierter ethischer Größe, hat Adams nicht zuerst auf die eigene Firma eingewirkt und sie zur Umkehr gedrängt? Warum hat er, wenn schon, bei einer möglichen Nutzlosigkeit seines Bemühens, nicht erst nachher nach Brüssel geschrieben? Erst ein solches Verhalten hätte den Briten glaubwürdig gemacht.

2. Die rätselhafte Justiz dort und hier. Auf einem ganz anderen Blatt stehen meines Erachtens die rechtlichen Fragen von Adams' Fehltritt. Da findet sich einerseits Artikel 86 des EWG-Vertrages, der eine mißbräuchliche Ausnützung einer marktbeherrschenden Stellung verbietet. Ein liberaler Artikel, würde ich sagen. Weil die EG-Kommission ihm verpflichtet war, konnte ihr der Gerichtshof die Preisgabe des Namens ihres Informanten Adams vorwerfen. Deshalb auch wurde Roche in Luxemburg verurteilt.

Andererseits richtet sich die Schweiz nach ihrem milden Kartellrecht und vor allem nach Artikel 273 des Strafgesetzbuches. So wurde hier Adams' Unfairneß zum Delikt der Wirtschaftsspionage, das ihm ein Jahr Gefängnis einbrachte und unerhört viel Ungemach bereitete. Zweierlei Recht von zwei Staatshoheiten, die mit einem Kooperationsvertrag verbunden sind. Wer da zwischen die Paragraphen gerät, hat nichts zu lachen und Mühe, die Justiz zu verstehen.

3. Das schweizerische Gewicht der Wirtschaft. Hauptdarsteller in dieser leiden Adams-Story ist Artikel 273 unseres Strafgesetzbuches; er besagt im wesentlichen folgendes: Wer einer ausländischen Organisation oder ihren Agenten ein Geschäftsgeheimnis zugänglich macht, wird mit Gefängnis und in schweren Fällen mit Zuchthaus bestraft. Der Artikel entspricht weitgehend dem sogenannten Spitzelgesetz von 1935, das in der Abwehr gegen

146

Nazi-Arroganz entstanden war und daher 1937 im Strafgesetzbuch unter den Titel «Verbrechen und Vergehen gegen den Staat und die Landesverteidigung» eingestuft wurde.

Heute ist das überrissen. Der Artikel und seine Einreihung gelten daher als sehr problematisch. Namhafte Juristen warnten schon vor 25 Jahren, er sei eine Quelle «unabsehbarer Konflikte mit dem Ausland». Heute darf man behaupten, er stehe mit Artikel 23 des Freihandelsabkommens, der schweizerische Loyalität mit dem Wettbewerbsrecht der EG suggeriert, in *Widerspruch.* [Man darf das behaupten, obwohl der Bundesrat zu einer andern Meinung gekommen ist.]

Bundesanwalt *Rudolf Gerber* schrieb dazu 1977, Artikel 273 nehme, rechtsvergleichend betrachtet, eine eigenartige Stellung ein: «Eine solche, als abstraktes Gefährdungsdelikt ausgestaltete Staatsschutzbestimmung ist einmalig und am ehesten mit den Gesetzen der Staaten des Ostblocks vergleichbar, wo Staat und Wirtschaft praktisch identisch sind.» Gerber [fragt sich aber dennoch, ob allein deswegen eine Gesetzesänderung tatsächlich nötig sei. Ungeachtet der «vom wissenschaftlichen Standpunkt aus bis zu einem gewissen Grad ohne Zweifel berechtigten Kritik» müsse gesagt werden, daß der Straftatbestand des wirtschaftlichen Nachrichtendienstes unserer Wirtschaft Schutz gegen Ausschnüffelung geboten habe. Er zweifle auch nicht daran, daß «sich die direkt berührten schweizerischen Wirtschaftskreise einem Abbau des durch Art. 273 gewährten Geheimnisschutzes entgegenstellen würden». Gerber fordert schließlich, «daß eine Änderung des bestehenden Zustandes mit der notwendigen Sorgfalt und Zurückhaltung angestrebt werden» müsse.]

Das alles zielt meines Erachtens ins Zentrum des Problems: die Heirat unserer Politik mit der Wirtschaft ergibt entsprechende Gesetze. Der Zwiespalt, der im Bereich des Freihandelsvertrages entstanden war, wurde mit einer politischen Absprache übertüncht. Von einer Revision des Artikels 273 sprach niemand. Die Gegner sind zu stark.

(Tages-Anzeiger Zürich, 25. 11. 1985, Ergänzungen in [])

Lenzerhorn trüb

In der Absicht, den Bund der Eidgenossen zu befestigen

Hans Tschäni stammt aus dem Laufental, hat in Basel, Luzern und Zürich gewohnt, ohne je nur Basler, Luzerner oder Zürcher geworden zu sein. Er versteht sich vor allem als Schweizer, als Bürger eines Bundesstaates, der sechsundzwanzig Kantone und vier Landessprachen zusammenhält.

Der Föderalismus als eidgenössisches Rezept des Zusammenlebens stand in Hans Tschänis Staatsverständnis immer im Vordergrund. In vielen Artikeln verglich er immer wieder das vaterländisch vergoldete Föderalismusideal mit der praktischen Wirklichkeit. 1965 plädierte er in grundsätzlicher Art für einen neuen Föderalismus. Gegen Kantonalismus und Kantönligeist kämpfte Tschäni ebenso klar wie gegen Verwaltungszentralismus aus Bern. Als Nichtzürcher in Zürich tätig befaßte er sich kritisch mit der wirtschaftlichen Dominanz Zürichs.

Mit dem Föderalismus hat sich Hans Tschäni nicht nur schreibend, sondern in praktischer Handarbeit befaßt. Abbau der Vorurteile gegenüber den sprachlichen Minderheiten forderte er sehr früh. Er war Mitbegründer der «Stiftung für eidgenössische Zusammenarbeit», in deren Rahmen 1974 die ch-Reihe gestartet wurde. Die literarischen Übersetzungen der ch-Reihe versteht er als Transmissionshilfen für den intellektuellen Kulturaustausch im Bundesstaat.

Auf der Suche nach einem neuen Föderalismus

Im dritten Artikel unserer Bundesverfassung steht geschrieben, daß *die Kantone* alle Rechte ausüben, welche nicht ausdrücklich der Bundesgewalt übertragen sind. Welche Rechte dem Bund übertragen werden sollen, ist freilich seit 1848 umstritten. Kaum je in der Geschichte des Bundesstaates sind aber so viele Kompetenzen «Bern» übergeben worden, wie in den letzten Jahren. Wir denken an das Gesundheitswesen, den Gewässerschutz, den Strahlenschutz, das Verkehrswesen, den Film, den Natur- und Heimatschutz und das Stipendienwesen. Diese Tatsache ist zwar kein staatspolitisches Unglück, aber sie ist ein wesentliches Argument, wenn der Föderalismus zur Diskussion steht. Dabei ist besonders zu beachten, daß der Bund diese Kompetenzen nicht an sich gerissen hat, vielmehr wurden sie ihm von den eidgenössischen Räten, von den Kantonen und dem Volke aufgedrängt.

Dieser Tatbestand scheint uns wichtig zu sein, wenn wir – es geschieht beinahe jeden Tag – die *«Schwindsucht des Föderalismus beklagen und die Tendenz zum Zentralismus feststellen.* In der Tat ist offensichtlich: die innerstaatliche Kompetenzordnung, die wir von den Vätern ererbten, gerät mehr und mehr aus dem Gleichgewicht. Der Entscheidungskreis der Kantone wird ausgehöhlt und kleiner; sie sinken zu Verwaltungsorganismen ab.

Ist der Föderalismus als staatliches Verwaltungsprinzip zum Tode verurteilt? Er geht, glauben wir, tatsächlich einem Siechtum entgegen, wenn er in der gegenwärtigen Erstarrung verharrt. Gewinnt aber die Einsicht Oberhand, daß er unter dem Druck der neuen Gegebenheiten sich *verändern,* anpassen muß, dann sind die heutigen Symptome nichts mehr als heilsame Warnsignale gewesen. Die Veränderung einer einst bewährten Form ist kein Verlust und schon gar keine Schande, sofern sie aus eigenem Willen geschieht und daher ihr ideeller Kern unverbittert erhalten bleibt. Daß er aber verbittert und zugrunde geht, wenn das alte Ideal «gedacht» wird und vor den neuen Anforderungen nicht mehr «gelebt» werden kann, *das* ist ein Verlust. Ist es nicht seltsam: Ohne allzu große Mühe und großes Bedauern haben wir das Kontenbuch und die Folianten vom Stehpult genommen und uns an die elektronische Rechen- und die elektrische Schreibmaschine gesetzt. Im föderalistischen Denken dagegen sind wir im 19. Jahrhundert zurückgeblieben. Hier möchten wir oft die Gesetze, die für das 20. Jahrhundert taugen sollten, noch mit dem Federkiel schreiben. Hier halten wir am alten fest und wandeln die Formen nur in harten Rückzugsgefechten.

Das föderalistische Verwaltungsprinzip an sich ist nicht überholt; es ist auch für die modernen Aufgaben das menschlichste Prinzip. Wenn es aber auch heute noch in der Praxis funktionieren soll, dann sind Reformen unumgänglich. Ein *föderalistisch-politisches Bekenntnis zur Gegenwart* ist bei uns vor allem dringlich; der Wandel muß aber erfolgen, bevor auch die letzten Türme gefallen sind. Der Entschluß zu einem *aktiven Föderalismus* ist das zweite; dieser besteht in der *Zusammenarbeit zwischen den Kantonen und den Gemeinden* und in einem Denken, das über den Kirchturm hinausreicht. Nur wenn die Stände sich selber helfen, wenn sie begriffen haben, daß die Zeiten des Gartenhag-Föderalismus vorüber und die meisten Aufgaben nur noch in horizontaler Zusammenarbeit zu lösen sind, werden sie es verhindern können, daß mehr und mehr Kompetenzen *mit dem Willen des Volkes* (es ist des Nichtfunktionierens überdrüssig) an die Zentralgewalt übergehen und den Kantonen nur noch eine scheinbare Souveränität bleibt.

Die Kraft der Binnen-Integration

Wie tritt der *Föderalismus als Problem* an uns heran? Wir glauben, das geschieht in zwei Bereichen: Der eine ist die Spannung, welche aus der immer mehr fortschreitenden *Binnen-Integration* und dem ihr nicht Rechnung tragenden föderalistischen Denken und Handeln entsteht. Der andere Bereich umfaßt das Zusammenleben der Kantone, das in der heutigen Form ein *Nebeneinander* ist. Ein Nebeneinanderleben, über das einst Felix Moeschlin despektierlich schrieb, es habe die doppelten Unkosten und den halben Nutzeffekt zur Folge.

Den Zeichen der *Binnen-Integration* begegnen wir auf Schritt und Tritt. Unaufhaltsam überspielen die Entwicklung der Wissenschaft und der Forschung sowie die Expansion der Wirtschaft und der Industrie die Kantonsgrenzen. Radio, Fernsehen und Presse strahlen über Täler und Regionen hinweg; die Mundarten gleichen sich an; Städte wie Basel, Zürich und Genf expandieren in die Nachbarkantone hinein. Für die Neuzugezogenen bedeutet es beim Wohnungswechsel eine Glückssache, ob sie nun Zürcher oder Aargauer, Basler oder Landschäftler, Genfer oder Waadtländer werden. Zumeist ist es ihnen auch nur mit einem Seitenblick auf die unterschiedlichen Steuerverhältnisse von Bedeutung. Ihnen erscheinen die Kantonsgrenzen oft wenig sinnvoll, ja als Willkür, die den natürlichen Gegebenheiten keine Rechnung mehr trägt. Die *Wanderung der Bevölkerung von Kanton zu Kanton* fördert die Binnen-Integration am stärksten. In welchem Maß diese Wanderung einem am Kantönligeist sich orientierenden Föderalismus den Grund entzieht, mag die nachfolgende Zusammenstellung über die «Entwurzelung» der Bevölkerung in den letzten hundert Jahren veranschaulichen. Die Zahlen zeigen die *Heimatberechtigung von 1000 Einwohnern* in folgenden Kantonen:

Heimatberechtigung von 1000 Einwohnern

Kanton	Jahr	In der Wohngemeinde	In anderen Gemeinden des Kantons	In anderen Kantonen	Im Ausland
Tessin	1860	792	147	4	17
	1941	411	326	84	179
	1960	325	375	114	186
Zürich	1860	578	318	66	38
	1941	303	212	429	56
	1960	265	180	424	131
Solothurn	1860	710	170	103	17
	1941	324	203	445	28
	1960	241	197	466	96
Schwyz	1860	787	140	61	12
	1941	443	253	271	33
	1960	368	264	299	69

Die Zahl der Alteingesessenen hat also überall stark ab- und jene der Zugewanderten zugenommen. Eine bekannte Spezialstatistik, welche in der Agglomeration Zürich (Stadt und 14 Gemeinden) erhoben wurde, zeigt das wirkliche Ausmaß der heutigen *Wanderbewegung*. 1957 zogen 25065 Menschen aus anderen Kantonen in diese Gemeinden, 21114 wanderten in verschiedene Kantone ab. 1958 lauteten die entsprechenden

Zahlen 23698 und 20529. Aus dieser Größenordnung läßt sich vermuten, daß *100 000 bis 200 000 Menschen jährlich ihren Wohnort von einem Kanton in einen andern verlegen.* Das heißt auch, daß bei ebenso vielen Bürgerinnen, Bürgern und Kindern jene Wurzeln ausgerissen werden, welche den Lebenssaft des Föderalismus liefern. Ob am neuen Wohnort aus Baslern Zürcher, aus Urnern Berner oder aus Bündnern Aargauer werden, das hängt von vielen Umständen ab. Es ist indessen eher selten, daß den Zugewanderten das Assimilieren erleichtert wird. Häufig sieht man sie vielmehr, wie wir das kürzlich von einem Stadtrat hörten, als Vorortparasiten an. Tatsache aber bleibt: die Wanderbewegung der neuen Zeit arbeitet gegen den Föderalismus der alten Praxis.

Die Härten der Verschiedenheit

In der Wanderbewegung wirken sich auch die Schwächen des Föderalismus am eindrücklichsten aus. Zum Beispiel im Schulwesen. In unserem kleinen Land ist es für ein Kind mit großen Schwierigkeiten und Unannehmlichkeiten verbunden, wenn es die Schule von einem Kanton zum andern, ja in gewissen Kantonen sogar von einer Gemeinde zur andern, wechseln muß. Es sind nicht bloß die Lehrbücher, die in den Schulen jedes Kantons anders sind, sondern auch die Lehrpläne. Das hat für die den Wohnort wechselnden Schüler sehr oft den Verlust eines ganzen Schuljahres zur Folge. Wir kennen eine Familie, die von Olten nach Weinfelden umzog. Das Töchterchen hatte im Kanton Solothurn das Gymnasium besucht. Es mußte nun im Kanton Thurgau in die Sekundarschule zurück, beim Ortspfarrer Lateinstunden besuchen, um nach Absolvierung der Sekundarstufe die Prüfung für den Eintritt ins Gymnasium erneut ablegen und wieder von vorne beginnen zu können.

Zu dieser sinnlos gewordenen Verschiedenheit der Lehrpläne und Schulsysteme in den Kantonen kommt oft noch etwas anderes: Ein Schüler wurde, nachdem er zwei Jahre lang die Kantonsschule Luzern besucht hatte, beim Übertritt in ein Zürcher Gymnasium einer Prüfung unterzogen. Sie mißriet. Der Knabe wurde kurzerhand in die Sekundarschule zurückgeschickt; ein Jahr später bestand er dann die Prüfung zum Wiedereintritt ins Gymnasium. Dem Vater, der nicht verstehen wollte, weshalb ein Wechsel auf der gleichen Stufe von Kanton zu Kanton nicht möglich sein sollte, wurde von dem inzwischen abgetretenen Rektor erklärt: «...außerdem müssen Sie bedenken, die Schulen von Luzern sind nicht die Schulen von Zürich...»

Kein vernünftiger Mensch verlangt eine schweizerische Einheitsschule. Eine *Verständigung und Angleichung* in einigen wichtigen Punkten, die, möchte man denken, über das Kontaktmittel Erziehungsdirektorenkonferenz gelingen sollte, ist dagegen unerläßlich. Wir denken etwa an den Beginn des Schuljahres (in einigen Kantonen ist er auf den Frühling, in andern auf den Herbst festgesetzt), den Beginn des Fremdsprachenunterrichts, den Eintritt aus der Unterstufe in das Gymnasium, den Beginn des Lateinunterrichts, der hier für das 4., dort auf das 5., 6. oder 7. Schuljahr festgesetzt ist. Aber selbst in den Hochschulen wirkt sich dieser Individualismus negativ aus. Wir denken an die Nichtanerkennung der Abschlüsse bei Fortsetzung des Studiums an einer anderen Universität. Sie hat zur Folge, daß ein Student, der in Zürich sein Lizenziat gemacht hat, beispielsweise in Bern oder Basel nur doktorieren kann, wenn er dort vorher die Lizenziatsprüfung noch einmal ablegt.

Solche nur aus Mangel an Kontakten und Rücksichtnahme bestehenden Ungleichheiten in unserem Schulwesen könnten ohne irgendwelchen Substanzverlust aus der Welt geschafft werden. Das müßte um unserer Kinder willen geschehen, die beim Wohnortswechsel den schweizerischen Schulindividualismus büßen, aber auch um des Föderalismus willen, dessen Ruf enormer Schaden zugefügt wird, weil kein Betroffener je begreifen wird, weshalb die Schulen auf solch kleinem Raum nicht einigermaßen synchronisiert sein sollten. Warum gibt es gerade im Erziehungswesen so wenig Konkordate? Ist es vermessen, auf diesem Gebiete an eine kantonale Selbstregelung zu glauben? Oder will man wirklich auch hier darauf warten, bis der Bund zum Eingreifen gezwungen wird?

Den Kantonen fehlt die Initiative

Da wir diesen Artikel schreiben, ist der Bericht Professor Labhardts noch nicht erschienen. Er dürfte aber die Unterstützung der kantonalen Universitäten durch den Bund bejahen. Wir begrüßen diese Unterstützung, weisen aber darauf hin, daß sie nicht bloß wegen der höheren finanziellen Anforderungen nötig wird, welche insbesondere die Naturwissenschaften an die Universitäten stellen. Es ist gestattet, darauf hinzuweisen, daß es 17 Stände bisher den acht Universitätskantonen überlassen hatten, die beträchtlichen Lasten dieser Institute, in welchen nicht nur Ausländer, sondern auch Schweizer aus allen Kantonen ihre akademische Bildung holten, allein zu tragen.

Obwohl uns bewußt ist, daß die finanziellen Möglichkeiten unserer kleinen Kantone und großer deutscher Bundesländer ungleich verschieden sind, hat nachstehendes Beispiel gegenüber der schweizerischen Praxis des Föderalismus Vergleichswert: Die Ministerpräsidenten der bundesdeutschen Länder haben vor kurzem bewiesen, daß auch auf dem Gebiete der Schule ein initiativer Föderalismus möglich ist. Sie beschlossen unter sich ein Abkommen zur Finanzierung von fünf neu zu gründenden Hochschulen. In fünfzehn Jahren werden sie 4,1 Milliarden Mark aufbringen, das heißt 75 Prozent der Kosten. Die andern 25 Prozent haben jene Länder zu berappen, welche eine neue Hochschule erhalten.

In unserem klassischen Lande des Föderalismus sind solcher Stolz des unabhängigen Realisierens und solche Initiative sehr selten geworden. Es gibt, das sei nicht verschwiegen, freilich das und jenes Musterstück dafür, wie wir den Föderalismus leben sollten. Im Strafvollzug zum Beispiel. Weil der Bund, auf den man gewartet hatte, nicht eingriff, wählten die Kantone den Weg des Konkordats. Bereits ist das nordwestschweizerische, in welchem der Aargau, Bern, beide Basel, Solothurn, Luzern und die Innerschweizer Kantone zusammenarbeiten, in Kraft. Dank dieses Konkordats, dem ein ost- und ein westschweizerisches folgen werden, erhalten nicht bloß die in verschiedenen Kantonen Verurteilten im Gefängnis eine gleiche Behandlung, sondern die Kantone fahren auch billiger dabei, indem nicht jeder für «Erstmalige» und «Rückfällige» eine eigene Anstalt zur Verfügung halten muß.

Auch bei der Versicherung der Elementarschäden haben die Kantone bisher selbständig gehandelt. Leider stehen aber diesen erfreulichen viele andere Beispiele gegenüber, die einen ausgesprochenen Mangel an Zusammenarbeit und gegenseitiger Absprache erkennen lassen. Wir denken im Schulwesen an den Lehrermangel, wo man sich die Lehrkräfte gegenseitig abwirbt, an die großen Ungleichheiten im Fiskalwesen oder an die bedenkliche Koordination im Nationalstraßenbau. Wir denken auch an die eigenständige Handhabung der Berufspatente, über die sogar die Hebammen klagen.

Alle diese und viele nicht genannte Unzulänglichkeiten, die unser Föderalismus zur Folge hat, verdichten sich zum Vorwurf: die Zusammenarbeit zwischen den Kantonen ist geradezu aufreizend mangelhaft. Ein Kapitel für sich, auf das hier nicht im Detail eingegangen werden muß, sind die *Bundessubventionen*. Sie erreichten im Jahre 1963 900 Millionen Franken. Das Positivste an ihnen ist ihre finanzausgleichende Wirkung. Sie machen beispielsweise für Baselstadt nur 1,1 % der Steuereinnahmen aus, für Uri dagegen 45,9 %. So notwendig ein solcher Finanzausgleich ist, so birgt aber die Subventionspolitik in bezug auf den Föderalismus allerhand Gefahren in sich. Wer zahlt, befiehlt; er befiehlt trotz aller Verfassungssätze. Das zeigt sich zum Beispiel bei gewissen vom Finanzausgleich stark gestützten Bündner Gemeinden, deren Gemeindeversammlung (nicht Gemeinderat!) eine Ausgabenkompetenz von fünfzig Franken geblieben ist.

Außer der Armut gibt es auch die Begehrlichkeit. Nur zu oft lassen sich die Kantone nicht bloß Aufgaben bis zu 60 und mehr Prozent subventionieren, sie sorgen durch ihren politischen Vertreter in Bern dafür, daß der Bund auch noch Unterhaltsbeiträge entrichten muß. Wir erinnern an die Linthmelioration und an die Juragewässer-Korrektion.

Alt Bundesrat Bourgknecht sagte zu dieser für vehemente Verteidiger des Föderalismus so gar nicht passenden Einstellung 1960 am Parteitag der Katholisch-Konservativen Volkspartei in Solothurn: «Es ist offensichtlich: je mehr Aufgaben der Bund übernehmen muß, desto größer wird der Finanzbedarf, der aus direkten oder indirekten Steuern aufgebracht werden muß. Es gab eine Zeit, da die Kantone hartnäckig gegen die Übergriffe des Bundes ankämpften. Aber diese Kämpfe gehören der Erinnerung und der Geschichte an. Heute ist man Zeuge einer gegensätzlichen Erscheinung: heute stürzt man sich auf den Bund, um ihn zu überzeugen, daß er zur Intervention verpflichtet ist, obwohl er dazu weder Lust noch Anlaß hat.»

Ein Ständerat gesucht

Die Schweiz ist bis heute ein föderativer Staat geblieben. Tatsache ist aber, daß wir dem föderativen Ideal, das uns vorschwebt, täglich entgegenhandeln. Das wirkt zersetzend. Wir sind der Auffassung, daß *ein Föderalismus gesucht* werden muß, der sich auch praktisch leben läßt. Ein Föderalismus, der ein ausgewogenes System der Zusammenarbeit unter den Kantonen und der Kantone mit dem Bund zuläßt. Wir sind auch der Meinung, daß es ein Föderalismus sein muß, der den Kantonen weniger scheinbare, dafür aber mehr wirkliche Souveränität überläßt. Es ist interessant, das Ringen der USA um die Zusammenarbeit ihrer Bundesstaaten zu verfolgen. Seit Kriegsende arbeiten mehrere Studiengruppen an dem Problem. Sie untersuchen vor allem die horizontalen Beziehungen, das heißt das Zusammenarbeiten der Staaten unter sich. In jenem großen Lande hat man eingesehen, daß der Föderalismus einzig als Zusammenarbeit aufgefaßt werden muß. Heute streben die Vorschläge des «Vereinigten staatlichen Aktionskomitees», einer permanent arbeitenden Institution, bereits größere Verantwortung und Selbständigkeit der Gliedstaaten an. Wenn deren Zusammenwirken verfeinert ist, läßt sich also der Föderalismus sogar in der modernen Welt verstärken.

Wir sind uns in der Schweiz heute bewußt, daß dem Föderalismus insbesondere von der Unfähigkeit der Kantone, aus eigenem Antrieb vernünftig vorausblickend zusammenzuarbeiten, Gefahr droht. Wir müssen uns aber, wenn wir an eine Restauration denken, vor allem klar darüber sein, daß es nicht darum geht, die Wiederherstellung des ursprünglichen Zustandes anzustreben. Vielmehr ist der Wandel der Welt und die Kompliziertheit ihrer Aufgaben in Betracht zu ziehen. Weil der Föderalismus eine schwierige Statsform ist und man aus Erfahrung weiß, wie selten das schwerfällige Gebilde von 25 Kantonen aus der Initiative ihrer Statsmänner zur Zusammenarbeit zu bringen ist, muß diese eben *organisiert* werden. Bringen wir das nicht auf irgend eine Weise zustande, dann wird am Ende nicht ein neuer Föderalismus moderner Prägung stehen, sondern ein ausgehöhlter Begriff, der, an den Krücken des Zentralstaates gehend, eine Attrappe des Föderalismus ist und im Bürger Unbehagen schafft, weil diese Attrappe überflüssig geworden ist.

Es gibt nach unserer Meinung eine Institution, die sich bei der Suche nach einem neuen Föderalismus große Verdienste erwerben könnte: *der Ständerat.* Er wäre als Initiant zu dieser Renaissance prädestiniert, weil er als Schirmherr des Föderalismus unverdächtig ist und unbeschwert an die Aufgabe herantreten könnte. Wäre es nicht an der Zeit, daß einer der Ständeräte die Initiative ergriffe, indem er eine Motion einreichen würde, in welcher das *Studium der interkantonalen Beziehungen* durch eine aus Ständeräten, Nationalräten, Vertretern der Kantonsregierungen, der kantonalen Parlamente, des Städte- und Gemeindeverbandes und der Sozialwissenschaften bestehenden Gruppe zu verlangen wäre? Eine solche Untersuchung, die, wenn es staatsrechtliche Erwägungen notwendig machen sollte, auch von einer unabhängigen, vom Ständerat stimulierten Studiengruppe bewältigt werden könnte, wurde in unserem Lande unseres Wissens überhaupt noch nie durchgeführt. Sie hätte einen *genauen Bericht über den gegenwärtigen Stand des Zusammenarbeitens der Kantone untereinander und auch die finanzielle und fiskalische Interdependenz zu erbringen, müßte aber auch konkrete Vorschläge darüber, auf welchen Gebieten die Zusammenarbeit möglich und zu intensivieren wäre, unterbreiten.*

Wir müssen endlich genau wissen, wie es um die Zusammenarbeit der Kantone bestellt ist, wenn wir ein gewisses Maß an Föderalismus, der nicht bloß Verfassungssatz, sondern auch praktisch realisiert ist, erhalten wollen. Wir müssen auch wissen, wo die Zusammenarbeit zwischen den Kantonen versagt und wo sie möglich wäre. Wenn wir all das und auch die finanziellen

Konsequenzen kennen, dann erst kann die Aktion beginnen, welche einen neuen Föderalismus ermöglichen würde, der auch in einer modernen Welt funktionieren könnte und geachtet wäre.

Freilich: rechtlich wäre damit noch keine Möglichkeit geschaffen, die Kantonsregierungen zur Zusammenarbeit zu zwingen. Erwiese sich der Kleingeist immer noch stärker als die Vernunft und stemmte er sich weiterhin der Zusammenarbeit entgegen, dann bliebe wohl nur noch das weitere, scheinheilige Rückzugsgefecht mit allen seinen Konsequenzen.

(Jahrbuch 1965 der Neuen Helvetischen Gesellschaft)

Rücken an Rücken in die Zukunft?

Der *Transportplan,* den die Regierung des Kantons Zürich vor wenigen Wochen veröffentlichte, hat die riesigen Dimensionen gezeigt, mit denen wir bei der Ausgestaltung unseres Lebensraums in der näheren und weiteren Zukunft zu rechnen haben werden. Regierungsrat Ernst Brugger sagte an jener Pressekonferenz, daß der Vollausbau des Straßennetzes 14,4 Milliarden Franken und der Ausbau der öffentlichen Verkehrsmittel zwei Milliarden Franken kosten würde. Der Transportplan und ähnliche Berechnungen in andern Regionen des Landes (Regio Basiliensis zum Beispiel) geben uns aber auch die beruhigende Gewißheit, daß der Staat aufgehört hat, von der Hand in den Mund zu leben. Er versucht, im Blick voraus die Region planend, das Nötige mit dem Möglichen zu vergleichen und dann zu entscheiden, was weglassen und was zuerst verwirklicht werden soll.

Das ist gut so. Wir müssen uns jetzt nur noch vor Augen halten, daß diesen Transport- und anderen Plänen für die Entwicklung des Landes in den nächsten Jahrzehnten *allergrößte Bedeutung* zukommt. Genauer gesagt: Wenn der Kanton Zürich, dessen vor allem wirtschaftliches und daher auch verkehrspolitisches Gewicht inmitten der Eidgenossenschaft immer bedeutungsvoller wird, wenn dieser Kanton seinen Transportplan aufstellt, dann ist das ein *Fixpunkt im Zentrum* des Landes. Er ist es, auch wenn dieser Plan vorwiegend die «regionsinternen» Verbindungen regeln will. Weil wichtigste Ströme des «Lebens» hier zusammenfließen und von hier ausgehen, haben sich die andern nach diesem Fixpunkt zu richten.

Wer nach der Veröffentlichung des Zürcher Transportplans in der Runde lauschte – es grenzen immerhin die *sechs Kantone* Aargau, Zug, Schwyz, St. Gallen, Thurgau und Schaffhausen an den Kanton Zürich –, der mußte vernehmen, daß diese Nachbarn offensichtlich an der zürcherischen Betriebsamkeit *keinen* Anteil nehmen durften. Inzwischen befaßt sich zwar eine Behördendelegation mit diesen Fragen der Harmonisierung und der Koordination. Die «totale Kontaktlosigkeit», das «große Schweigen in der vorbereitenden Phase» (solche Formulierungen haben wir gehört), müsse aber bei einer dermaßen feste und die Nachbarn verpflichtende Tatsachen anvisierenden Planung *mißfallen*.

Es waren durchaus vernünftige Argumente, die man da aus den Kulissen vernahm. Das große Schweigen der Kantone in der kleinen Schweiz ist wahrhaftig erstaunlich. Nur klingt die Klage von dieser Seite nicht ehrlich, denn die Kontaktlosigkeit in wichtigsten Dingen wird von *allen* Kantonen gleichermaßen «gepflegt». Man braucht da die Hand nicht umzudrehen. Der Unterschied liegt einzig im Endeffekt: Wenn der Kanton Zürich fertige Tatsachen schafft, so ist das für die Nachbarn meist folgenschwerer, als wenn zum Beispiel Glarus das gleiche tut. Das Machtwort von St. Moritz im Zürcher Disput um die Olympiade-Kandidatur hat allerdings angedeutet, daß im helvetischen Rücken-an-Rücken-Spiel auch der «Kleine» unter Umständen *nicht* ganz machtlos ist.

Nun zeigen aber das isolierte Handeln der Zürcher und viele andere Beispiele im schweizerischen politischen Alltag auch, daß wir die *Staatsform des Föderalismus* noch immer weit weniger zu leben verstehen, als wir es oft wahrhaben möchten. Sie zeigen zudem, wie sehr die Planung einer wichtigen Region auch *staatspolitische Aspekte* hat. Das einesteils deshalb, weil sie faktisch das Handeln der andern politisch scheinbar souveräner Kantone präjudiziert. Sie haben die Ströme des Lebens, die durch Planung des andern beeinflußt werden und die keine politischen Grenzen kennen, abzunehmen, oder aber sie stehen unter dem Zwang, in sie einzumünden. Andernteils hat eine allenfalls nicht landesweit koordinierte Planung eines Kantons vom Gewicht Zürichs im schweizerischen Bundesstaat *zentralistische Effekte*. Zürich wird durch den Eigensog zum Paris der Schweiz. Das wäre dem nationalen Gleichgewicht nicht zuträglich, und außerdem dürften die Zürcher selbst das nicht wollen.

An diesem Punkt sollten wir uns überlegen, ob wir die Konsequenzen dieser pragmatischen Entwicklung in Kauf nehmen wollen oder ob nicht doch an Koordination und landesweite Gestaltung zu denken wäre. Im Augenblick zeichnen sich in unserem Land eindeutig *Zentrumsbildungen* ab – in Zürich, in Basel, in Bern, in Genf-Lausanne. Wie wird sie unsere föderalistische Staatsform «verkraften»? Durch einen noch stärkeren Finanzausgleich für jene politischen Einheiten (Kantone), die außerhalb der genannten wirtschaftlich gesättigten Kraftfelder liegen? Und wie werden diese Zentren verkehrstechnisch am besten miteinander verbunden? Wäre unter diesen Regionen eventuell eine Arbeitsteilung möglich – auf dem Gebiet des Verkehrs, der Wirtschaft oder gar der Kultur? Ist ein Partnerschaftsgespräch zwischen dem ersten Wirtschaftszentrum Zürich und dem zweiten Wirtschaftszentrum Basel denkbar? Zum Beispiel über eine Arbeitsteilung der beiden Flughäfen?

Die Erfahrung hat gezeigt, daß diese meist föderalistischen Probleme ohne *Koordinationsimpuls* nicht zu lösen sind. Der Bundesrat tut daher gut daran, wenn er möglichst bald einen *Delegierten für Planung* ernennt, der hier souverän die Fäden knüpfen kann. Ihm stehen dann auch die theoretischen Planungsunterlagen, die Leitbilder zur Verfügung, die zurzeit erarbeitet werden. Die staatspolitischen Postulate aber, die sich in diesem Zusammenhang stellen, wird er nicht verwirklichen können.

Eines freilich läßt sich schon jetzt voraussagen: Rücken an Rücken gelebt, so wie das bisher in wichtigsten Fragen geschieht, ist dieser Föderalismus dem sicheren Untergang geweiht.

(Tages-Anzeiger Zürich, 16. 11. 1968)

Unser Föderalismus bleibt handgestrickt

Das aktive Engagement von Bürgerinnen und Bürgern am schweizerischen Staatsbetrieb kann als für unsere Politik typisch gelten. Ich denke an die freiwilligen Tätigkeiten in der Armee, in Parteien – und in überparteilichen Diskussionsforen wie etwa der Neuen Helvetischen Gesellschaft (NHG). Sie kenne ich. In ihr wird aus Interesse und Zuneigung das öffentliche Geschehen beobachtet und diskutiert. Oft werden aber auch Verbesserungen angeregt und Hilfen angeboten. Dafür gibt es Beispiele: die Auslandschweizerorganisation etwa – und auch die Stiftung für eidgenössische Zusammenarbeit (SEZ) in Solothurn, die soeben ins Gerede gekommen ist. Ein Solothurner Kantonsrat hat nach dem Nutzen der Stiftung gefragt und möchte die Unterstützung streichen. Die Solothurner Regierung will sie zwar weiter fördern, spricht aber von einem gewissen Unbehagen, das man gegenüber der Geschäftsführung der SEZ empfinde.

Für mich ist diese Stiftung ein äußerst interessantes Beispiel für die Möglichkeiten und Grenzen milizmäßiger Tätigkeiten und dafür, ob unserem Föderalismus von außen überhaupt zu helfen ist.

In den Diskussionen des Zentralvorstandes der NHG, der in den ersten sechziger Jahren unter der Leitung von Theo Chopard ein sehr lebhafter Kreis war, herrschte wegen des ungenügenden Funktionierens des Föderalismus Besorgnis. In diese Gespräche fiel im April 1964 an einer NHG-Veranstaltung in Vitznau das Referat des an der ETH in Zürich lehrenden Professors Herbert Lüthy, Titel: «Vom Geist und Ungeist des Föderalismus». Diese brillante Rede – sie erscheint mir mit der berühmten von Carl Spitteler im Jahr 1914 über den Sprachenföderalismus vergleichbar – wurde im NHG-Jahrbuch 1965 abgedruckt und weiteren Kreisen zugänglich gemacht. Ein enger, verneinender, um Kompetenzen schachernder Föderalismus habe den Geist eidgenössischer Zusammenarbeit ersetzt, sagte Lüthy. Wir schienen unter dem Alpdruck zu leben, «daß die politische Zivilisation, die das föderalistische Gebäude tragen soll, innerlich abstirbt und die kantonale Eigenständigkeit zur intakten, doch hohlen Fassade wird».

Die Beschwörung Lüthys machte mir einen solchen Eindruck, daß ich im gleichen Jahrbuch den Ständerat (die besonders zuständige Kammer) aufrief, eine Renaissance des Föderalismus einzuleiten. In Interviews im «Tages-Anzeiger», Begegnungen mit Parlamentariern im Hause Chopard an der Kramgasse in Bern und in vielen Sitzungen von NHG-Leuten reifte der Gedanke, den Kantonen mit einer Stiftung ein Initiativ- und Koordinationsinstrument zu schaffen. Man überlegte, daß eine Gruppe von 25 «souveränen Kantonen» gar nicht automatisch funktionieren könne. Daß es eine Anregungs- und Koordinationsstelle brauche, die die Gedanken der kantonalen Direktorenkonferenzen aufgreift und umsetzt, den Meinungsaustausch fördert, Nachrichten vermittelt und einen leistungsfähigen Föderalismus entwickeln hilft. Waldemar Jucker, der heutige Direktor der Eidgenössischen Finanzverwaltung, hatte diese Gedanken in einer Denkschrift 1965 ausgebreitet. Man bildete sich ein, aus unserem staatenbündischen einen echten kooperativen Föderalismus machen zu können.

In der Folge schritten die Milizinitianten zur Tat. Die NHG stellte zur Gründung einer Stiftung ein kleines Anfangskapital bereit. Der Gedanke fand in Parlamentarierkonferenzen ebenso wie in den Kantonen Beifall. Auch der Bundesrat begrüßte ihn. Und die NHG wünschte, daß sich «möglichst viele Kreise unseres Landes an der neuen Stiftung beteiligen und in deren Organen mitarbeiten». Kantone und Bund gewännen so ein wertvolles Arbeitsinstrument.

1966 wurde der große Gedanke tatsächlich verwirklicht. Im ehrwürdigen alten Tagsatzungssaal zu Baden wurde mit der Stiftung für eidgenössische Zusammenarbeit die Organisation geschaffen, in der NHG-Leute mit Vertretern der kantonalen Regierungen und einem Beobachter des Bundes zusammenarbeiten sollten. Zehn Jahre später war mir am gleichen Ort aufgetragen, aus der Sicht der NHG-Mitglieder im Arbeitsausschuß die Arbeit der Stiftung zu beurteilen. Es war nicht zu übersehen: Sie hatte viel geleistet. Die Stiftung hat die Föderalismusforschung vorangetrieben (Forschungsinstitut an der Uni Freiburg), die ch-Reihe zum Literaturaustausch gegründet (heute 65 Bände), den Schüler- und Lehrlingsaustausch zwischen den Sprachregionen organisiert, die Schweizerische Informatikkonferenz inszeniert und wirkt als Verbindungsstelle der kantonalen Direktorenkonferenzen. Von den vielen unsichtbaren Aktivitäten (z. B. in der Jurafrage) nicht zu reden. Und da kommt ein Solothurner Kantonsrat und behauptet, diese Stiftung sei unnütz.

Für mich ist das zwanzigjährige Erlebnis mit der Stiftung für eidgenössische Zusammenarbeit ein Föderalismustestfall und -erlebnis sondergleichen. Dazu drei verbliebene Gedanken:

1. Das föderalistische Harmonieren, vor allem das Zusammenarbeiten, wird stark vom Emotionalen, von Sympathie und Antipathie, bestimmt. Wer die 26 Beteiligten zum Koordinieren bringen will, der muß die richtig geformte Nase haben, denn «der Föderalismus» wird von Regierungen und Verwaltungen «gemacht».

2. Gerade das macht Milizbemühungen besonders schwer. Die «Profis» des Staates lassen sich von «Amateuren» sehr ungern helfen. «Es gibt Bereiche, wo die NHG hingehört, und andere, wo sie nichts zu suchen hat», sagte mir ein Staatsschreiber. Die Stiftung mußte sich daher für subalternes «Kollaborieren» entscheiden. (Sie hätte auch außenstehend und mit der Öffentlichkeit arbeitend Impulse geben können, doch hätte das weniger gebracht.) Weil sie aber zur Stiftung der Kantone wurde, ist sie gebunden und auf praktische Hilfe beschränkt. Die Renaissancegedanken konnten in ihr nicht Boden fassen.

3. Mir wurde erneut bewußt: Verfalle in der Schweiz nie dem Gedanken, die praktische Politik nach der Theorie zu bewerten; du wirst weder Unterstützung noch Freunde finden. Auch der Föderalismus wird sich irgendwie immer durchmurksen.

Die Stiftung für eidgenössische Zusammenarbeit funktioniert sehr gut, ist im föderalistischen Staatsbetrieb wertvoll und unterstützenswert. Versagt hat sie nur dort, wo sie eine grundlegende Renaissance des Föderalismus hätte in die Wege leiten sollen. Wir hatten ihr das einst zugedacht. In der Praxis hat freilich schon ihre bloße Existenz einen neuen Zusammenarbeitseffekt ausgelöst. Der Klimawechsel blieb indessen aus. Da waren Resistenz und Mißtrauen der kantonalen Regierungen und Verwaltungen zu groß. Unser Föderalismus bleibt handgestrickt.

(Tages-Anzeiger Zürich, 30. 8. 1986)

Beim dritten Ton...

Die Welschen und wir

«Beim dritten Ton ist es genau...» Au troisième top il sera exactement... Waren wir nicht immer stolz darauf, von Radio Beromünster oder von Telephon Nr. 161 die sprechende Uhr auf deutsch und auf französisch die Zeit ansagen zu hören? Es machte sich gut für unser mehrsprachiges Land, daß diesseits der Saane auch die wohlklingende Sprache unserer Compatriots die Zeit verkündete. Es war eine Geste der Großzügigkeit der deutschsprachigen Mehrheit, die sie sich umso mehr leisten konnte, als ja Französisch in unseren Kantonen sozusagen keine Fremdsprache mehr ist, denn die meisten sprechen sie recht und schlecht.

«Wann endlich...»

Haben Sie gewußt, verehrter Leser, daß es diese Großzügigkeit *seit dem 1. Juni* nicht mehr gibt? Soweit wir informiert sind, kam dem Radio-Briefkastenonkel die zweifelhafte Ehre zu, der Öffentlichkeit den Entschluß der PTT mitzuteilen, die sprechende Uhr werde inskünftig über Beromünster und die deutschschweizerischen Netzgruppen des Telephons nur noch deutsch reden. Er beantwortete am 28. Mai das «Wann endlich...» im Brief eines seiner Neffen mit der Erklärung, man werde das nun ab 1. Juni ändern.

Seit 14 Tagen also muß sich hierzulande niemand mehr über das «Troisième top...» ärgern. Die Zeitangabe erfolgt nun in unverfälschtem Deutsch, einheitlich und stilrein. War das wirklich nötig? Hatten die PTT als Staatsbetrieb keine größeren Sorgen als diese Zweisprachigkeit? Dabei ist doch gerade diese Mehrsprachigkeit so typisch für unser Land und darüber hinaus geradezu eine staatliche Existenzfrage. Man sollte sich nicht allenthalben rühmen, Europa die Integration sozusagen im Taschenformat längst vorgelebt zu haben, wenn man als Mehrheit im Lande nicht einmal die Toleranz für dieses «Au troisième top...» aufbringt. Nein, das war nicht das Nötigste, was die PTT zu remedieren hatten.

Die kalte Schulter

Obschon wir zu glauben wagen, der weitaus größte Teil unserer Bevölkerung teile mit uns dieses Bedauern, hören wir doch den und jenen einwenden: «Ja, aber halten es die Welschen besser in diesen Dingen?» Der Einwand ist nicht ohne Grund. Sottens zum Beispiel kam unseres Wissens trotz den vielen Deutschschweizern, die in seinem Strahlungsgebiet wohnen, noch nie auf die Idee, den Hörern mit einer zweiten Landessprache zu dienen. Genau so wenig, wie es die meisten Welschen für nötig halten, deutsch zu sprechen, wenn sie zu uns kommen.

Im April, um einen weiteren Aspekt zu nennen, haben 656 Mädchen aus der deutschen Schweiz allein Genf verlassen, wo sie ihr *Welschlandjahr* in Familien verbracht hatten. Sie wurden von Mädchen des nächsten Jahrganges abgelöst.

Wieviele Welschschweizerinnen verbringen wohl ein Jahr ihrer zarten Jugend bei uns, «um den Horizont zu weiten und die anderssprachigen Landsleute kennenzulernen?» Es hat oft den Anschein, daß die Compatriots jenseits der Saane den deutschschweizerischen Mitbürgern die kalte Schulter zeigen wollten.

Das Recht der Minderheit

Sollten wir aus diesen Gegenargumenten den Schluß ziehen, die PTT hätten recht getan, das Französische aus der sprechenden Uhr auszumerzen? Wir sind nicht dieser Meinung. Bisher konnten wir es uns als Mehrheit im Staate leisten, großzügig zu sein. Wir hatten aus der Geschichte gelernt, wie man Minderheiten (daß man den Begriff bei uns praktisch nicht kennt, ist bemerkenswert) behandeln soll, damit die Dinge einen guten Lauf nehmen. In bezug auf die Tessiner und die Welschen fiel es uns auch nie schwer, denn wir fühlen, daß wir ihre Ergänzung nötig haben, und wir hegen für sie eine vielleicht unbewußte Sympathie.

Wir haben es geradezu als das *Recht der Minderheit* gelten lassen, daß unsere Zuneigung nicht immer erwidert wurde. Der Widerstand der Westschweizer unseren Mundarten gegenüber gehört sozusagen dazu wie das Phänomen der raschen sprachlichen Assimilation des ins Welschland gezogenen Deutschschweizers. Daß das Französische eine von jeher eigenwillige und an Dominanz gewöhnte Sprache war, das erfahren nicht nur wir, sondern zum Beispiel auch die Deutschen, wenn sie in Frankreich radebrechen, während es den Franzosen kaum einfallen würde, östlich des Rheins anders als französisch zu sprechen. Wir nehmen in unserem Land dieses Selbstbewußtsein der Welschen hin, wissend, daß sie es auf anderen Gebieten, beispielsweise der Industrie, dem Handel oder der nationalen Politik keineswegs besitzen, ja daß sie typische Reaktionen einer Minderheit verraten. Wie schrieb doch Henri Valloton: «Der Westschweizer fühlt sich schwächer und zeigt sich daher empfindlich. Der Deutschschweizer tendiert darauf, diesem ‹enfant terrible› Vernunft beizubringen. Besteht Unvereinbarkeit der Charaktere? Kaum!» Sicher ist hingegen, daß besonders die Westschweizer die Deutschschweizer nur sehr oberflächlich kennen und daß *auf beiden Seiten Vorurteile* bestehen, die ein besseres Sichfinden verhindern.

Ein großes Vertrauensmanko

In diese Vorurteile versuchten Hardi Fischer und Uri P. Trier mit einer wissenschaftlich genau durchgeführten sozialpsychologischen Untersuchung einzudringen, deren Ergebnisse sie in der Broschüre «Das Verhältnis zwischen Deutschschweizer und Westschweizer» (Verlag Hans Huber, Bern) niederschrieben. Die beiden Autoren gehen von der Voraussetzung aus, daß *Vorurteile von stereotypem Denken herrühren*, das heißt, daß das Denken und die Vorstellungen der Menschen oft sehr von den «Clichés» der Gruppen bestimmt sind, der sie angehören. Stereotype, also Vorurteile, sind *Schnellurteile*, Bilder in den Köpfen von Menschen, die als Ersatz für individuelles Denken dienen. Man weiß aber, daß stereotypisierende Verallgemeinerungen selten der Wahrheit entsprechen. Das Verhältnis Deutschschweizer-Welschschweizer leidet unter solchen «Clichés».

Die Resultate der Untersuchung, die allerdings von den Autoren bloß als Andeutung gesehen werden wollen, zeigen ein *erstaunliches Vertrauensmanko* zwischen den beiden Volksteilen. Das tritt vor allem aus den sogenannten projektiven Heterostereotypen zutage, das heißt aus der *Vermutung, wie man von der andern Gruppe gesehen wird. Wir Deutschschweizer* glauben, die Welschen taxierten uns als rauh, kalt, alt, eckig, gespannt, traurig, trocken, häßlich und abgestanden (es handelt sich hier um die «Polaritäten», die sogenannten Testworte; sie stehen im Gegensatz zu den entsprechenden positiven Begriffen glatt, warm, jung, rund usw.); *die Welschen andererseits vermuten,* wir sähen sie schwach, passiv, häßlich und abgestanden. Die Autoren der Broschüre bezeichnen das *Verhältnis aus dieser Sicht gesehen als ausgesprochen bedenklich.* Vermehrte Kontakte seien dringend nötig, insbesondere zwischen Schulen und Studenten. Um das

Vertrauen zueinander zu gewinnen, das von diesen Vorurteilen beeinträchtigt wird, könnte schon helfen, wenn man bloß jeden der beiden Volksteile davon überzeugte, daß der andere besser von ihm denkt. Die Untersuchung zeigt, daß das tatsächlich zutrifft. Das Bild, das der Deutschschweizer von sich selbst entwirft (sich selbst taxiert man ja nicht schlecht), entspricht nämlich weitgehend jenem, das der Westschweizer von ihm zeichnet; das gleiche trifft vom Charakterbild zu, das wir vom Westschweizer besitzen. Es ist also offensichtlich unnötig, insgeheim zu glauben, die Welschen würden schlecht von uns denken und uns von oben herab ansehen.

Wir sind selbstbewußt

Bemerkenswert ist, daß *das Bild, das wir uns vom «Schweizer» machen, unserem Selbstbild entspricht,* während das für den Welschen keineswegs zutrifft. Hier kommt u. a. wohl auch die Selbstsicherheit der Mehrheit zum Ausdruck. Der Mehrheit, die sich ihrer Verpflichtungen gegenüber der Minderheit bewußt sein muß; die nicht mimosenhaft reagieren und Gleiches mit Gleichem vergelten darf. Wir Deutschschweizer als Mehrheit haben also ganz besonders die Pflicht, die Kontakte zu fördern, um über ein gutes Verhältnis im Staat hinaus uns auch menschlich zu nähern. Wir haben aber auch angesichts der Integrationsbestrebungen in Europa allen Grund, unsere staatliche Eigenart zu pflegen, denn nicht bloß ein großzügiges, noch schnell unter Dach gebrachtes Kartellgesetz ist im Blick auf Brüssel ein gutes Verhandlungs-Handelsobjekt im Ringen um die Selbständigkeit, sondern noch viel mehr das *Zusammengehörigkeitsgefühl* zwischen unseren so verschiedenartigen Volksstämmen. Mit dem Ausmerzen des Französischen, und sei es auch bloß bei der sprechenden Uhr, ist dem sicher nicht gedient.

(Tages-Anzeiger Zürich, 20. 6. 1962)

Die ch-Reihe – einst sozusagen eine Zangengeburt

Im geräumigen Citroën, infiziert vom erdigen blauen Dunst seiner Gauloise bleue, spricht Oscar Bettschart von der Armee. Davon ist den ganzen langen Sitzungstag nie die Rede gewesen. Auf der Heimfahrt von Solothurn nach Zürich redet er am Steuer aus Prinzip von allen möglichen andern Dingen. Am Vormittag auf der Hinfahrt war er für das Tagesthema ansprechbar. Nun, da die Arbeit getan ist, kommen die Filialbetriebe an die Reihe. Zum Beispiel die *Armee*. Sie pflegt alle, die in ihr nicht nur antreten, sondern sie auch mitgestalten müssen, bis in die Freizeit hinein zu beschäftigen. Armeegetuschel, Armeepolitik. Damals, im Jahr 1971, lag der Bericht der Studienkommission für strategische Fragen, der Bericht von Professor Karl Schmid, in der Luft. Noch wurde er streng unter Verschluß gehalten. Doch kennt man das von andern Fällen her: Einiges sickert durch, man munkelt, diskutiert. Oscar Bettschart sprach jetzt auch davon. Aber so informiert, als säße er in der Landesverteidigungskommission. So weit hatte er es im feldgrauen Bereich zwar nicht gebracht, aber er besaß Beziehungen.

Zwei andere Gesprächsthemen mußte die Armee jeweils freilich neben sich dulden.

Eines davon war die Auseinandersetzung um *«Unfehlbar»*. Nicht lang vorher hatte Benziger jenes aufsehenerregende Buch herausgebracht. Es war ein Thema, an dem kaum einer vorbeikam. Und natürlich schon gar nicht der Verleger mit dem Stammhaus in Einsiedeln. Bettschart sprach auf unseren Fahrten zu ch-Reihe-Sitzungen oft von Hans Küng: in Andeutungen, in Frageform, Stakkato und eindringlich, von der Kritik an der Kirche, am Freiburger Bischof, an Rom. Oft verschmitzt, oder nach Zustimmung heischend, aber immer tief beteiligt.

Das andere Thema war *Sabe*. Ich habe mich immer wieder mit Fragen der Gewaltentrennung im Staat und in diesem Zusammenhang mit der Schule auseinandergesetzt. Aber auf den Widersinn der staatlich organisierten Schulbuchliteratur wäre ich nicht gestoßen, wenn mir Oscar Bettschart nicht von der Schwierigkeit privater Verleger, Schulbücher herauszugeben, erzählt hätte. Wir stehen da vor einer jener Ungereimtheiten, denen es in unserem politischen System mehrere gibt: Man organisiert drei Gewalten, um die Macht zu teilen und besser kontrollieren zu können, läßt aber den Staat die Schule nicht nur organisieren, sondern auch noch gleich im eigenen Schulbuchverlag die konformen Unterlagen für den Unterricht formulieren. Und das ausgerechnet in einem der allerwichtigsten Bereiche, der Erziehung der Jugend. Die Herausgabe einer Staatszeitung wäre undenkbar in unserem Land, in der Sparte der Schulbücher hingegen läßt man den Staat bedenkenlos ein Monopol aufbauen. Das Thema ist einer politischen Diskussion bis heute wert geblieben.

In meiner Erinnerung an den schwierigen Aufbau einer *ch-Reihe* zum Literaturaustausch haben diese Randgespräche einen festen Platz. Mir scheint, jene Diskussionen im Citroën oder im Städteschnellzug passen auch zum Hauptanliegen jener vielen Sitzungen zwischen dem 21. Januar 1970 und dem 19. September 1974, in denen die feste Organisation des Literaturaustauschs in der mehrsprachigen Schweiz durch eine ch-Reihe zu Faden geschlagen wurde. Sie waren vom Engagement für diesen Staat getragen. Mit einer Reihe, die nicht zuerst nach Gewinn trachten, sondern subsidiär tätig sein sollte, wollte man die Beziehungslosigkeit zwischen den Sprachregionen überwinden helfen. Es sollte sich jedoch erweisen, daß unserem Staat in den föderalistischen Bereichen nicht leicht zu helfen ist. Die Anfänge waren harzig. Im Winter 79/80 hat nun diese ch-Reihe für ihre Arbeit den Preis des Schweizer Buchhandels erhalten, und im Frühjahr 1980 ist bereits die dreißigste Übersetzung erschienen. Es ist mehreren Persönlichkeiten zu danken, daß der kulturpolitische Automatismus des Literaturaustauschs in unserem Land nun funktioniert. Oscar Bettschart gehört zu ihnen; unbeirrt ist er hinter dem Projekt gestanden.

Der Anstoß, den Literaturaustausch zu fördern, ging von der «Föderalismusstiftung» aus. Sie war 1967 von der Neuen Helvetischen Gesellschaft (NHG) und den 25 Kantonen unter dem Namen «Stiftung für eidgenössische Zusammenarbeit» (SEZ) eingesetzt worden. Ihr Zweck war, dem nur leidlich funktionierenden föderalistischen Staatsbetrieb Anregungen zu geben und die Zusammenarbeit der Kantone zu fördern. Es war naheliegend, daß die SEZ als Kind der NHG besonders auf die kulturellen Vorgänge im Land achten würde, umso mehr, als «Kultur» vorzugsweise als Verantwortungskreis der Kantone gilt. Am 30. Oktober 1968 findet sich im Ressort «Kultur» des SEZ-Arbeitsausschusses die Idee erstmals formuliert:
«Es ist bekannt, daß vor allem hoffnungsvolle junge Autoren in den andern Sprachgebieten völlig unbekannt sind. Es wäre eine kulturpolitische

170

Aktion erster Güte, wenn es gelänge, die Werke solcher Schriftsteller zumindest jeweils den beiden andern Sprachbereichen zugänglich zu machen. Die Stiftung müßte Möglichkeiten bei Pro Helvetia, den Verlegern, den Autoren und eventuell den Kantonen abklären. Man könnte an einen Pool denken.»

Fühlungsnahmen mit Politikern und Verlegern in den drei Landesteilen zeigten rasch, daß die Verwirklichung einer solchen Idee auf Sympathien stoßen würde. Am 21. Januar 1970 fand in den Räumen der Pro Helvetia in Zürich eine erste Sitzung einer ad-hoc-Gruppe der SEZ statt; es war die letzte an diesem Ort. In vielen Zusammenkünften im Verlauf des Frühlings und Sommers 1970 entschloß sich die Gruppe, unter mehreren Möglichkeiten zur Förderung der kulturellen Zusammenarbeit dem Literaturaustausch den Vorzug zu geben. Es war nicht zu übersehen, daß in diesem Bereich die größte Lücke offengeblieben war.

Die Protokolle zeigen, daß die Grundlinien einer ch-Reihe bald erarbeitet waren: sie sollte vor allem subsidiär tätig sein und den bestehenden Literaturaustausch nicht verdrängen, sondern ergänzen. «Die Reihe geht vom Gedanken aus», ist in einem Text der die Arbeiten begleitenden SEZ zu lesen, «daß das literarische Leben ein Prozeß ist, der die Entwicklung der öffentlichen Meinung mitbestimmt. Dieser Prozeß läuft je nach Sprachgebiet etwas anders. Die ch-Reihe wird das ihre beitragen, die gegenseitige Kenntnis der verschiedenen Kulturregionen durch die Auswahl und Förderung wichtiger Werke zu verbessern.» Diese Grundidee blieb unbestritten.

Doch wie sollte die ch-Reihe aussehen, und wie sollte sie funktionieren? Im Mai 1970 leitete die Arbeitsgruppe eine erste konkrete Phase ein: Bertil Galland (Lausanne), Manfred Gsteiger (Peseux) und Gianni Casagrande (Bellinzona) sollten Vorschläge über das Vorgehen im Tessin und in der Westschweiz erarbeiten; die Deutschschweizer Verleger Oscar Bettschart und Hansrudolf Schwabe (Pharos, Basel) übernahmen es, die Organisation der Verlagszusammenarbeit sowie das Kalkulationsschema zu entwerfen; SEZ-Geschäftsführer Max Frenkel und der Schreibende hatten Organisation und Rechtsform des Herausgebergremiums sowie die Rolle der SEZ in der ch-Reihe zu skizzieren.

In dieser frühen Phase wickelte sich die Geburt der ch-Reihe verhältnismäßig «normal» ab. Weil Gelder der Kantone erhältlich gemacht werden sollten, wurde die Reihe unter dem Gesichtspunkt der Gewaltentrennung organisiert: Eine unabhängige Herausgeberkommission der SEZ stellt ein jährliches Herausgabeprogramm auf und arbeitet mit dem offenen Verlegerpool zusammen. Die Zusammenarbeit funktioniert so, daß jeweils im Frühjahr in einer gemeinsamen Sitzung dieses Programm festgelegt wird. Dabei gilt die folgende Regel: Die Kommission entscheidet, was in die Reihe aufgenommen und subventioniert wird, während es den Verlegern freisteht, ob sie einen Titel herausgeben wollen oder nicht. Aus dieser Spannung sind seither die Herausgabeprogramme entstanden. Schon in jener ersten Phase entschied sich die Gruppe für die Unterstützung der ch-Reihe-Bücher durch Druckkostenbeiträge; die Übersetzungen sollten weniger als zwanzig Franken kosten. Auch sollten die Bücher in allen drei Sprachgebieten im gleichen Format und mit gleicher Ausstattung erscheinen.

Auch die Finanzierung des Unternehmens bereitete keine allzu großen Probleme. Die Erziehungsdirektorenkonferenz empfahl den Kantonen, das Projekt zu unterstützen, und zwanzig Stände leisten seither jährlich ihren Beitrag, damit auch praktisch dokumentierend, daß Kulturförderung primär ihre Sache ist. In jener Phase besonders sympathisch und fördernd war die spontane Starthilfe der Kantone Zürich (auf Initiative des damaligen Ständerats und heutigen Bundesrats Fritz Honegger), Genf, Tessin und Uri in der Höhe von zusammen Fr. 20500.–. Am 24. April 1971, nach einer Vorbereitungszeit von etwas mehr als einem Jahr, konnte in Solothurn in Anwesenheit von Herausgebern und Verlegern die ch-Reihe konstituiert werden. Und wenige Tage danach unterzeichnete der Schreibende, zum Leiter der Reihe erkoren, die Beitragsgesuche an alle 25 Kantone.

Dann ergaben sich bei dieser föderalistischen Geburt Komplikationen, und die ch-Reihe startete nicht, wie vorgesehen, im Jahr 1972. Komplikationen nicht dort, wo man sie zuerst erwartet hatte: im Finanziellen. Die Kantone hatten, wie erwähnt, bereitwillig akzeptiert, daß ihre Kulturhoheit etwas kostet. Drei Fünftel des Aufwandes (Größenordnung: 40000 bis 50000 Fr. im Jahr) war ihnen zugedacht, zwei Fünftel der Pro Helvetia, der Kulturstiftung des Bundes. «Sie begrüßte das Projekt», steht in einem Brief der SEZ an die Erziehungsdirektorenkonferenz zu lesen, «setzte den eigenen Beitrag jedoch auf ein Drittel fest und knüpfte die Zusage an derart viele Bedingungen, daß Zweifel am Willen zur Unterstützung aufkommen mußten.»

Die Welschschweizer und die Tessiner Verleger verlangten jetzt plötzlich Änderungen am Projekt. «Diese Unternehmen wurden kopfscheu», heißt es im erwähnten Brief weiter, «besonders als wir darauf bestanden, daß die Übersetzungen nicht bloß gedruckt, sondern wie im Projekt vorgesehen auch mit Hilfe von größeren Werbeaktionen verkauft werden sollten. (...) Den Geldgebern gegenüber wäre es aber nicht zu verantworten gewesen, die Reihe allein mit deutschsprachigen Werken zu starten.»

Im Verlauf der weiteren Verhandlungen schien es mehr und mehr, daß wir das Projekt ch-Reihe trotz seiner Richtigkeit und der 80000 Franken in der Kasse würden aufgeben müssen.

Dann wurde uns aber unerwartet die Geburtshilfezange gereicht.

Das Happy-End der ch-Reihe-Story war ausgesprochen spannend. Eine Begegnung mit Walter Oertli und Max Indermaur, Stifter und Sekretär der Walter- und-Ambrosina-Oertli-Stiftung, und mit dem Leiter des Ex-Libris-Verlags Franz Lamprecht führten der Idee der ch-Reihe derart treue und unterstützungsbereite Freunde zu, daß die Geburt schließlich doch gelingen mußte. Die Zusicherung von 100000 Franken durch die Oertli-Stiftung war nicht nur eine materielle, sondern auch eine moralische Ermunterung, sozusagen eben die Zange, welche die Geburt schließlich möglich machte. Dem neuen Effort waren alle Widerstände nicht mehr gewachsen. Die Organisation der Herausgeberkommission wurde etwas gestrafft (sieben Mitglieder statt vorher rund ein Dutzend), der Verlegerkreis für den Beginn verkleinert, und mit Schwung trat die ch-Reihe – nun von den Westschweizern ebenso wie von den Tessinern unterstützt – ans Licht unserer föderalistischen Welt.

Nun lebt sie gesund und munter bereits im siebenten Jahr. Kleine Kinderkrankheiten hat sie gut überstanden, und auch Widerstände hat sie bereits überwinden gelernt. Wie sollte es, bei so guten Freunden, anders sein!

(«Für Wort und Sinn», Festschrift für Oskar Bettschart, Benziger-Verlag 1981)

Hans Tschäni

wurde am 12. Juni 1916, mitten im Ersten Weltkrieg, in Basel geboren und ist im laufentalischen Dittingen aufgewachsen. Nachdem er hier und in Laufen die Schulen besucht hatte, verbrachte er ein Jahr zur Pflege der Französischkenntnisse in Rouen (Frankreich). Bei der beginnenden großen Wirtschaftskrise trat er in Basel eine Lehre als Schriftsetzer an, die er 1936 abschloß. In der Wirtschaftskrise arbeitslos nutzte er die Zeit 1938 zum Besuch der Mergenthaler Maschinensetzerschule in Berlin, war aber bei Ausbruch des Zweiten Weltkrieges wieder arbeitslos. Zwischen 1939 und 1945 stand Tschäni während zweieinhalb Jahren im Aktivdienst. Nach Kriegsende verheiratete er sich mit Hanny Staeheli aus Amriswil. In den nächsten Jahren bereitete er sich in Kursen und an der Volkshochschule in Basel auf den Journalismus vor. 1950 übernahm er die Redaktion der Landzeitung «Fricktal-Bote» in Frick, leitete hier den Staatsbürgerkurs und besuchte Vorlesungen am journalistischen Seminar der Universität Zürich. Nach vier Jahren wechselte Hans Tschäni an die «Luzerner Neueste Nachrichten». Während sechseinhalb Jahren lernte er hier mehrere Kantonsparlamente kennen und betreute Reportagen- und Sportseiten. 1960 wurde er als Inlandredaktor an den «Tages-Anzeiger» nach Zürich geholt. Bis zur Pensionierung 1981 betreute er hier den innenpolitischen Teil und seither kommentiert er das innenpolitische Geschehen als Kolumnist weiter.

Hans Tschäni hat, ohne je einer Partei angehört zu haben, als Innenpolitiker verschiedene Aktivitäten entfaltet. Er schrieb mehrere Bücher und gehörte nach 1965 während 10 Jahren dem Zentralvorstand der Neuen Helvetischen Gesellschaft (NHG) an. In dieser Zeit war er inspirierend und mitorganisierend an der Gründung der Stiftung für eidgenössische Zusammenarbeit (SEZ) beteiligt. Auch gründete er die ch-Reihe, der er während 10 Jahren als Präsident vorstand. 1979 konnte Tschäni in dieser Funktion den Preis des schweizerischen Buchhandels (mit ihm wurde die ch-Reihe den Blinden zugänglich gemacht), entgegennehmen und bei seinem Rücktritt die Ausgabe des fünfzigsten ch-Reihe-Buches feiern. Seit 1981 gehört Hans Tschäni dem Stiftungsrat der Oertli-Stiftung an und pflegt auch in dieser Funktion den «Brückenschlag» zwischen den Sprachgruppen unseres Landes weiter.

174

Weitere Publikationen von Hans Tschäni

Profil der Schweiz. Ein lebendiges Staatsbild.
Verlag Rascher, Zürich; jetzt Sauerländer, Aarau. (1966, 4. neu bearbeitete Auflage 1974; französisch 1968 und 1972 Spes, Lausanne; italienisch 1972 Casagrande, Bellinzona).

The Face of Switzerland, or An Imaginary Journey through Switzerland. 1. Band der fünfbändigen Darstellung der Schweiz an der Weltausstellung in Osaka. Nur in Englisch und Japanisch erschienen; Zentrale für Handelsförderung Lausanne und Zürich. (1969)

Miniprofil der Schweiz. Verlag Sauerländer, Aarau. (1971, 4. neu bearbeitete Auflage 1983; französisch 1978 Editions Spes, Lausanne).

Die Diktatur des Patriotismus. Für eine freiere Schweiz. Pharos-Verlag, Basel. (1972)

Demokratie auf dem Holzweg. Bemerkungen zur helvetischen Dauerkrise. Artemis-Verlag, Zürich. (1975)

Parteien, Programme, Parolen. Verlag Sauerländer, Aarau. (1979)

Wer regiert die Schweiz? Der Einfluß von Lobby und Verbänden. Verlag Orell Füssli, Zürich. (1983, 4. Auflage 1985; französisch 1984 Editions 24 heures, Lausanne; italienisch 1983 G. Casagrande, Lugano).

Wem gehört die Schweiz? Unser Eigentums- und Bodenrecht auf dem Weg zum Feudalsystem. Verlag Orell Füssli, Zürich. (1986)